Rav Kook's Orot: Israel and its Revival

Translated by Michael Derfler

Rav Kook's Orot: Israel and its Revival

Translated by Michael Derfler

Israel and its Revival

1

ישראל מספרים תהלת ד', כח גבורה העליונה, במלא תפארת מעשיו
בכל מקומות ממשלתו, מעולם ועד העולם, ומרומם על כל ברכה
ותהלה, זהו גורל ישראל

Israel recounts God's praises,[1] the power of supreme strength, in the fullness of the grandeur of His works in all the places of His rule, from this world until the next world, "exalted above every blessing and praise;"[2] this is Israel's destiny.

ישראל מכיר הוא את כח מעשי ד', ישראל מכיר ומעיד עדות אל גבור
יוצר כל לבדו: ואתם עדי נאם ד' ואני אל

Israel recognizes the strength of God's works;[3] Israel recognizes and testifies to the mighty God who alone formed all, "you are my witnesses says God and I am Lord."[4]

מלא הוא ישראל מאור הגבורה והתפארת העליונה, שהכרתן מלאה חיי
חכמת עולמים, חיי חסד ואהבת כל הבריות, חיי פאר מקדושים

---

[1] See Isaiah 43:21

[2] Nehemiah 9:5

[3] See Psalms 111:6

[4] Isaiah 43:21

Israel is full of the light of supreme strength and grandeur; their awareness is full of the life of the wisdom of worlds, the life of kindness and love of all people (creatures), the holy life of splendor.

ישראל עומד הוא בקרן אורה זו ברוחו, בחיי כל נשמה בפרטיות ובחיי האומה כולה, בבנינה, בדורותיה, בשאיפת שיגוב פאר זיו הדר כוננניות מלכותה, בהיכל קדש מקדשה, בלהט אש חיי נעוריה: אשר בנינו כנטיעים מגודלים בנעוריהם, בנותינו כזויות מחוטבות תבנית היכל, וחפץ רכושה ועשרה: מזוינו מלאים מפיקים מזן אל זן, צאננו מאליפות מרובבות בחוצותינו, אלופינו מסובלים, אין פרץ ואין יוצאת ואין צוחה ברחובותינו, אשרי העם שככה לו, אשרי העם שד' אלהיו

Israel stands in the ray of light that is in its spirit, in the life of every (higher) soul in particular and in the life of the whole nation, in her "building," in her generations, in her aspiration for the fortification of the radiance of the splendor of the establishment of her government, in her holy sanctified Temple, in the blazing fire of her youths, "For our sons are like saplings, well-tended in their youth; our daughters are like cornerstones hewn to give shape to a palace;"[5] and the desire of her acquisitions and wealth: "Our storehouses are full, supplying produce of all types; our flocks number thousands, even myriads in our fields; our cattle are well cared for. There is no breach and none lost, and no wailing in our streets. Happy the people who have it so; happy the people for whom God is their Lord."[6]

והעם אשר ד' אלהיו יודע לספר כח מעשי ד', יודע לספר, שאלהי ישראל אלהי עולם הוא, בורא שמים וארץ ושהכל ברא לכבודו, וכבודו כבוד כל עולמים, חיי כל עולמים, וחקר כבודו כבוד

---

[5] Psalms 144:12

[6] Psalms 144:13-15

And the nation whose God is its Lord knows to recount the power of God's works, knows to recount that the Lord of Israel is the Lord of the world, the Creator of the heavens and earth and He created all for His honor, and His honor is the honor of all worlds, the life of all worlds, and the investigation of His honor is (itself) an honor.

וידיעתו זאת היא תכונת רוחו, מורשת אבותיו והכרתו הפנימית, חודרת בו בכל לב ובכל נשמה, אחוזה, קשורה ודבוקה, בנעימת אמונתו, אמונת אומן, בבירור תולדתו, בנצחונותיו על כל, בסגולת קיומו ועמדתו נגד צריו הרבים, אשר המה כשלו ונפלו והוא קם והתעודד

And Israel's knowledge is a quality of its spirit, its inheritance from its fathers and its inner awareness penetrates all its heart and (higher) soul, a possession, connected and attached, with the pleasantness of its belief, the belief of an artisan, with the clarification of its generations, with its victories over all, with the unique treasure of its existence, and its stand against its many oppressors who stumbled and fell while it arose and found encouragement.[7]

ויותר מכל חרותה ידיעת קדש עולמי עולמים זו בנשמתו הפנימית, בתביעת רוחו, בזהר שירתו, בהתגלמות חייו, מותאמת לאֹפי מוסרו, לתכנית מדיניותו, והיא יסוד כל שאיפותיו

More than anything, this holy eternal knowledge is engraved inside its (higher) soul, in the demand of its spirit, in the brilliance of its song, in the actualization of its life, fitting the character of its morality and its political program, and it is the foundation of all its aspirations.

והאמת העליונה הזאת היא מקוממת את כל היקום, כל יציר נברא ממנה חי, הכל מכחה ישתלם, כל הנופלים יקומו על ידה, כל עשוקי

---

[7] See Psalms 20:9

כח, כל רצוצי משפט ישובו וינהרו מזיוה, כל טבועי שאול בחילה יעלו ויעמדו במרחב, כל זהומי כל תמונה סוררה, כל החשוכים על ידי כל סכלות וכל תעוב, - על-ידי אור עולמי אין קץ זה יביטו וינהרו

And this sublime truth is what sets upright all existence; every creation lives from it; everything is made whole by it; all those who fall are uplifted by it; all the oppressed and subjugated will return and shine through her brilliance; all those sunk in the netherworld will rise up and stand boundless through her strength; all the contaminated and deformed, all those darkened by foolishness or abomination, through this eternal and infinite light, they will gaze and shine.

אור ישראל זורח והולך ואור, מפעם בקרב נשמתו את הלמות גאולתו. כח מעשיו הגיד לעמו, לתת להם נחלת גוים

The light of Israel goes on beaming and illuminating, the hammer of its emancipation pounding within her (higher) soul. "He revealed to His people His powerful works, to give them the heritage of nations."

מעשי ידיו אמת ומשפט, נאמנים כל פקודיו סמוכים לעד לעולם, עשוים באמת וישר, פדות שלח לעמו, צוה לעולם בריתו, קדוש ונורא שמו

His handiwork is truth and justice; all His precepts are enduring, well-founded for all eternity, made of truth and uprightness. He sent freedom to His people; He commanded His covenant forever; His name is holy and awesome."[8]

וגבורת אלהי עולם אלהי ישראל, אדון כל העולמים, מתברכת ומתגברת בתועפות הופעותיה ברוממות קרנם של ישראל, ביסוד האומה היא

---

[8] Psalms 111:6-9

זורחת ומופיעה, בתאות גאולתה היא חיה ומתעוררת, - האל, הבורא היוצר, הקורא כל יש מאין, הנוטה צפון על תהו, אשר בידו מחקרי ארץ ותועפות הרים לו, מעונה אלהי קדם. מעון אתה היית לנו בדור ודור, בטרם הרים יולדו ותחולל ארץ ותבל, ומעולם עד עולם אותה אל

And the might of the Lord of the world, the Lord of Israel, Master of all worlds, is blessed and strengthened by the uplifting of its manifestations with the exaltation of Israel's esteem; it appears and shines in the foundation of the nation; in the desire for the nation's liberation it lives and is awakened – the Lord, the Creator and Fashioner, who calls all something from nothing, "who stretches out the north over empty space,"[9] "in whose hand are the depths of the earth; the heights of the mountains are His also,"[10] "a dwelling-place for the eternal Lord,"[11] "…You have been our refuge in every generation; before the mountains came into being, before You brought forth the earth and the world, from eternity to eternity You are Lord."[12]

ותפארת אל זאת, כתר מלכות אלהים חיים, בישראל היא שרויה

And this grandeur of the Lord, the Living Lord's crown of the kingship, is steeped in Israel.

אין עם ולשון בעולם שיוכל להגות ברוחו אמת חודרת תבל ומלאה זאת. עד מתי עוזך בשבי ותפארתך ביד צר. עוררה גבורתך אל אלהים עליון. לפני אפרים ובנימין ומנשה עוררה את גבורתך ולכה לישועתה לנו

---

[9] Job 26:7

[10] Psalms 95:4

[11] Deuteronomy 33:27

[12] Psalms 90:1-2

There is no (other) nation or group in the world that can express in its spirit this truth that penetrates and fills the earth. "Until when will Your might be in captivity and Your grandeur in the hand of an oppressor? Awaken Your strength, supreme Lord."[13] "At the head of Ephraim, Benjamin, and Manasheh, rouse Your might and come to our help!"[14]

הושיעה את עמך ופדה גוי ואלהיו, ופדה תפדה, כי גואל חזק אתה. כי בכל חכמי הגוים ובכל מלכותם מאין כמוך, מאין כמוך ד' גדול אתה וגדול שמך בגבורה. מי כמוך חסין יה ואמונתך סביבותיך. אתה מושל בגאות הים, בשוא גליו אתה תשבחם. אתה דכית כחלל רהב, בזרע עזך פזרת אויביך. לך שמים אף לך ארץ, תבל ומלאה אתה יסדתם. צפון וימין אתה בראתם, תבור וחרמון בשמך ירננו. כי לד' מגננו, לקדוש ישראל מלכנו, כי כל אלהי העמים אלילים וד' שמים עשה

Save Your people, free the nation and its Lord,[15] free, for You are a mighty liberator. "...for among all the wise of the nations and among all their royalty there is none like You."[16] "There is none like You, God! You are great and Your name is great in strength."[17] "...who is mighty like You, God? Your faithfulness surrounds You; You rule the swelling of the sea; when its waves surge, You still them. You crushed Rahab; he was like a corpse; with Your powerful arm You scattered Your enemies. The heaven is Yours, the earth too; the world and all it holds - You established them. North and south - You created them; Tabor and Hermon sing Your name."[18] "For God has our shield, and the Holy One of Israel (has) our

[13] Prayerbook: from Tachanun.

[14] Psalms 80:3

[15] See 2 Samuel 7:23

[16] Jeremiah 10:7

[17] Jeremiah 10:6

[18] Psalms 89:9-13

king."[19] "All the gods of the peoples are mere idols, but God made the heavens."[20]

2

שתי הבנות כלליות הן, המקיפות את ההויה ואת התורה, את כל ההסתכלות בכל שנויי דרכיה: ההבנה המוסרית וההבנה הסבתית

There are two basic understandings, which encompass existence and the Torah, all observation in all its varieties of ways: the moral understanding and the causal understanding.

בתוך ההבנה הסבתית, הקדומה בזמן לגבי רוח האדם, כלולה היא, בתור נשמה עליונה המחיה אותה, ההבנה המוסרית

Within the causal understanding, which arose prior in time within the human spirit, is included, in the role of ultimate (higher) soul that nourishes it, is the moral understanding.

ההבנה הסבתית מציעה חקים אחוזים זה בזה על כל מרחב היש

The causal understanding covers all of the expanse of existence with interconnected laws.

מתחיל בעולם החמרי וכחותיו והולך ומקיף, מטפס ועולה עד רוממות העולמים הרוחניים ומנתח את סעיפיהם, כפי עֹשר הרוח הגדול אשר

---

[19] Psalms 89:19

[20] Psalms 96:5

לאדם, שצד גדלותו מתעלה ומתבלט בהיותו אחוז בחופש ציורו, עם כל קטנו להחליט דבר ודאי במה שנעשה מחוצה לחוג פנימיותו

It begins with the physical world and its energies and moves on encompassing, climbing and ascending to the heights of the spiritual worlds and dissects their branches, according to the wealth of man's great spirit whose aspect of greatness rises and stands out with his freedom of visualization, despite his smallness to decide a matter for certain in what happens outside his circle of inner content.

בשלשלת הסבתית מונחה איזו העקה כללית, איזו מניעה, המעצרת את החקים ותכנם שלא ילכו בדרכים אחרים כי אם באותם הדרכים שהשלשלת הסבתית מקשרת אותם להם

In the chain of causation lies a general disturbance, a certain hindrance, which prevents the laws and their contents from moving in other paths, but only along those paths to which the causal chain connects them.

העקה זו עצמה חידה נעלמה היא, ומכל מקום, עם כל המניעה שיש בתכונת שכלנו מלחדור לעמקיה של חדת עולם זו, אין זה חוסם לפנינו את דרך ההסתעפות השכלית לכל אותו הבנין הגדול של ההבנה החקית

This disturbance itself is a mysterious puzzle, and in any case, despite the restriction that exists in the character of our intellect preventing it from penetrating the depths of this mystery of the world, it does not bar from us the way of intellectual expansion over all the great structure of natural laws.

אבל בעת אשר אנו עולים למעלה יותר עליונה של חירות נשגבה, אז אנחנו משתחררים מכל אותה המועקה הסבתית, וכל הבנין החֻקי מצטיר לפנינו בתור קשרים מוסריים אחוזים זה בזה, שההידוק והאמץ

שבהם הוא לא פחות חזק ואמיץ, ועוד יותר מחוטב, מאותו של התכן אשר להבנה הסבתית, וערכו הכללי הוא נשגב ונעלה ממנו באין ערוך

But at the time we rise to a more sublime level of exalted freedom, then we are freed from that causal hindrance, and the structure of natural laws is drawn before us as interwoven moral connections whose tightness and firmness is no less strong and firm, and even more engraved, than the content of the causal understanding, and its overall value is inestimably more exalted and sublime.

אז אנו עומדים בעולם של חופש: כשהעולם המוסרי מתגלה לפנינו מרומם הוא את העולם החקי הסבתי כולו ומושכו אליו, משפיע עליו מאורו ונמצא שהוא כולו טבוע בים של אור חיים זה של החקים המוסריים שהם הרבה עליונים ונשגבים מהחקים הסבתיים

Then we stand in a world of freedom: when the moral world is revealed before us, it elevates the world of natural causal laws and draws it (the natural world) towards it (the moral world); it shines its light upon it and it (the natural world) finds itself immersed in a sea of this light of life of the moral laws that are far more sublime and exalted than the laws of causality.

וכשאנו מעמיקים בדבר הרינו מוצאים אח"כ גם את כל הפרטים של העולם הסבתי, כולם עומדים בתבניתם המעולה בעולם המוסרי המלא זיו, המתנשא ממעל להם

And when we think deeply about the matter, we find afterwards that even the details of the causal world all stand in their elevated form in the radiant moral world.

כשאנו מסתכלים בקשר התורה עם האומה, ברית כרותה לארץ ולעם, כשדבקים בד' אלהיהם הרי הם מצליחים, עולים ומתפתחים,

משתרשים בארצם ועושים חיל, כשזונים אחרי אלהי נכר הארץ הרי הם
מתדלדלים ונופלים, חרבן האומה והארץ בא וצרות וכליונות הולכות
ובאות

When we gaze at the connection of the Torah with the nation, (we see that) a covenant was sealed between the Land and the nation – when they cling to God their Lord they succeed, rising and developing, setting roots in their Land and prospering; when they stray after gods foreign to the Land, they are diminished and fall, the destruction of the nation and the Land come, troubles and destruction advance.

כשאנו מחפשים את הפתרון בעולם הסבתי הרינו מוצאים, שרוח
ישראל אחוז הוא בשלשלת אורגנית חזקה

When we search for the solution in the world of naturalistic causation we find that the spirit of Israel is gripped in a strong organic chain.

דעותיו, מהלכי חייו, מגמת פניו בתעופת רוחו הכללית, האמת העליונה
המתגלה בו ועל ידו, תכונת ארצו וברכותיה, התאמצות הנשמות
היחידיות, המשכת ברכותיהן, לשדי חייהן, החן המשוך על הכלל ועל
הפרט, העצות והנטיות הבונות את הבנין הכללי ומבועיהן, בהירות
הסקירות, המנוחה הפנימית, חזוק הרוח ושלות החיים, - הכל אחוז זה
בזה

Its viewpoints, ways of life, its direction in the flight of its overall spirit, the supreme truth revealed through it, the character of its Land and its blessings, the efforts of its unique (higher) souls, the drawing of their blessings, the vitality of their lives, the grace extended over the collective and the individual, the advice and the inclinations that build the overall structure and their well-springs, the clarity of observation, the inner tranquility, the strength of spirit and serenity of life – all are interwoven.

באותה ההבטאה הנפשית של הדבקות בד' אלהיו, אלהי אבותיו
הראשונים המעלה אותו מארץ מצרים מבית עבדים, המביאהו אל ארץ
הברית והשבועה, המורהו דרכי חיים ונתיבות עולמים, אחוזים הם זה
בזה הקישורים; והיא משאבת אל תוכו את כל אוצר החיים והתנובה.

With that soulful expression of clinging to God its Lord, the Lord of its
fathers Who lifted it out from the land Egypt, from the house of slavery,
Who brought it to the Land of the covenant and oath, Who taught it ways
of life and eternal paths that are intertwined – this (expression) draws into
it the whole treasure of life and understanding.

ובהפרדו ממקור חייו, הרוח מתחלחל

And in its separating from the source of its life, the spirit trembles.

שפעת החיים הכלליים, האחוזים ברתוקות הגוי והארץ, המורשה
והמקדש, המוסר והאמונה, מתחלשת

The blessing of life overall - (life) which is bound to the nation and the
Land, the inheritance and the sanctuary, the morality and the belief - is
weakened.

רוח זר בא ומפעם, והוא צמח לא יעשה קמח, לא יקלט ולא יצמיח

An alien spirit comes and pulses, and it is a growth that does not produce
fruit; it will not be absorbed and it will not grow.

והננו רואים את המארה באה ועושה שמות, עד אשר ישוב העם אל אל
חייו, אל מקור ישעו, ישיב אליו את רוחו, יקשר באמץ לבב וברוח בינה
אל שם ד' אלהי ישראל, ומנזלי פלגיו של הרעיון הכללי, העמוק והחסון,

15

המותאם לרוח עולמים ולחטיביות המיוחדה של ישראל, ישועה חוזרת
ומוארה. - כל זאת היא בינה גלויה, הכרה מעשית המחיה ומשיבה רוח

Behold, we see the curse comes and wreaks havoc, until the nation will
return to the Lord of its life, to the source of its salvation; He will return
its spirit to it; with strength of heart and a spirit of understanding it will
connect to the Name of God, the Lord of Israel; and from the flowing
streams of the comprehensive idea, the deep and the fortified, in harmony
with the spirit of worlds and with the unique aggregate nature of Israel,
salvation returns and is illuminated. All of this is visible understanding,
practical awareness that nourishes and restores the spirit.

אבל מיד אנו באים להתרומם בחדירה יותר פנימית, שממעל לכל הארג
החקיי הזה ארג מוסרי נתון

However, we immediately come to uplift ourselves with a more penetrating
(understanding): above this whole fabric of causality is a moral fabric.

במוסריות הרעננה, המחיה את השלשלת הסבתית הגדולה הזאת, שם
שם מונח כל האמץ, כל הזיו של החיים האלה המתגלים בהופעותיהם
בעזיזות כל כך גדולה, בדיקנות כל כך אדירה

In the invigorated morality that vitalizes this great chain of causality, there
rests all the strength, all the radiance of this life that are revealed in its
arrival with such great might, with incredible exactness.

ההופעה המוסרית מגלה בנו צביון של אמרה, שכך ראוי להיות, כך
צריך להיות, לא רק כך הוא וככה נהיה

The moral emergence reveals in us a characteristic statement, "It is fitting to be this way," "It must be this way," not just, "That's how it is," "That's (just) how it happened."

ומההכרה שכך צריך להיות בהתגלותה של הבינה המוסרית אנו חוזרים אח"כ להכיר את השלשלת החקית המוסרית בכל פרטיה, בכל עמקה וגבהה, רחבה והקפה, פנימיותה וחיצוניותה

And from the recognition that, "It must be this way," - with the revelation of moral understanding - afterwards we go back to recognize the moral causal chain in all its details, in all its depth and height, it breadth and scope, its inside and its outside.

השתגבות כפולה, חיה ורעננה, מתעוררת אז בקרבנו פנימה, ומעינות של עצה ותבונה, צביונים חיים ותחבולות ישרות, הולכים ומתגלים בקרב כל כליות ולב

A double exaltation, living and fresh, is awakened deep within us; and wellsprings of counsel and understanding, living patterns and upright strategies, develop and are revealed within all innards and hearts.

רוח האומה מתעורר לתחיה, ובמחבא החיים אור קדושה וטהרה זורח, - אורו של משיח

The spirit of the nation is awakened to revival, and in the haven of life a light of holiness and purity shines – the light of the messiah.

3

מרכז החיים של נשמת ישראל במקור הקדש היא

The center of the life of the (higher) soul of Israel is in the source of holiness.

דרך אמת ואמונה נולדנו ובה אנחנו מתגדלים

Through truth and belief we were born and in it (them) we mature.

אין בנו ערכים פרודים, האחדות שוכנת בנו ואור ד' אחד חי בקרבנו

Unconnected values are not in us; unity dwells in us and the light of God is One lives within us.

הדינים, דיני תורת אלהים חיים מציינים אותנו מכל עם ולשון

The laws, laws of the Torah of the Living Lord distinguish us from every nation and language.

הקדש הוא פועל בקרבנו פנימה, שאיפות חיינו הכלליות אליו הן הולכות

Holiness works deep within us; the overall aspirations of our lives move toward it.

יש נטיפות של קדש בכל עם ולשון, אבל ערכי החיים כולם אינם צומחים מזה

There are drops of holiness in every nation and language, but the values of all life do not sprout from this.

לא כן בישראל. "בכל דרכיך דעהו", שהיא פרשה קטנה שכוללת כל גופי תורה, שיוצאת אל הפועל ביחידי סגולה, נחלת הכלל היא באמת

This is not so with Israel: "In all your ways know Him...,"[21] This small passage encompassing the whole of the Torah[22] is realized by unique individuals and in truth is the inheritance of the collective.

כל שאיפת החיים וכל חפץ החיים, הקנין ותשוקותיו, העשר והכבוד, הממשלה וההתרחבות בישראל, ממקור הקדש הם נובעים

The entire aspiration of life and the whole desire of life - acquisition and its longing, wealth and esteem, governance and expansion in Israel - they flow from the source of holiness.

על כן המשפטים הם קדש קדשים בישראל, ועל כן הסמיכה, שהיא נושאת שם אלהים עליה, היא כל כך נחוצה לנו, היא כל כך אופית לתכן לאומנו

Therefore, the laws are holy of holies in Israel, and therefore *semicha* (rabbinic ordination), which carries the name of the Lord, is so necessary for us; it is so characteristic of our national substance.

---

[21] Proverbs 3:6

[22] Brachot 63a

והרשעה היונית הסורית הרגישה בחוש העור שלה את ערך הסגולה הגדולה הזאת וגזרה על הסמיכה, ור' יהודה בן בבא מסר את נפשו עליה

The Syrian-Greek evil sensed with its blind intuition the value of this unique and great treasure and decreed against (the instituion of) *semicha* and Rabbi Yehuda ben Bava gave up his life for it.[23]

ופעולת מסירת הנפש הזאת נשארה, כי העמיקה את תכן החיים האופיים המיוחדים של קדש ישראל לד

And the effect of this self-sacrifice remains because it deepened the unique characteristic of life that is "Israel is holy to God."[24]

משה רבנו ע"ה, בתפסו אתו את כח המשפט, בתחלת יסודו באומה, העלה את כל ערכי המשפט עד סוף כל הדורות לאותו התכן האלהי שמשפטי ישראל באים אליו, ודרישת אלהים באה יחדו עם המשפט הישראלי: כי יבא אלי העם לדרש אלהים, כי יהיה להם דבר בא אלי ושפטתי בין איש ובין רעהו; והודעתי את חקי האלהים ואת תורותיו

Moses, our teacher, may he rest in peace, in his grasping the power of the law at the beginning of his foundation with the nation, elevated all the values of the law until the end of generations to that (of the) divine content toward which the laws of Israel reach - the call to the Lord comes together with the laws of Israel: "It is because the people come to me to call to the Lord. When they have a dispute, it comes before me, and I

---

[23] Sanhedrin 14a

[24] Jeremiah 2:3

decide between one person and another, and I make known the laws of the Lord and His teachings."[25]

ודרישת אלהים של המשפט נשארה סגולה ישראלית, שהיא מתגלה באופי האלהי הכולל עולמי עד וזורח בארץ ישראל, בארץ חבל נחלתו, מקום האורה של סגולת הקדש

And the law's search for the Lord remains a unique Israelite treasure that is revealed in the divine, all-encompassing, eternal character, and it shines in the Land of Israel, in the Land that is His inheritance, the place of the illumination of the unique treasure of holiness.

המינות הפקירה את המשפט, תקעה עצמה במדת הרחמים והחסד המדומה הנוטלת את יסוד העולם והורסתו

Heresy (i.e. Christianity) abandoned the law; it wedged itself in the imagined characteristic of mercy and kindness that takes away the foundation of the world and destroys it.

ומתוך עקירת יסוד המשפט מתכנו האלהי תופסת אותה הרשעה היותר מגושמת, ובאה בזוהמא לחדור במשפט הפרטי של האישיות היחידית וחודרת היא בהתפשטות גדולה לנפשות העמים, ובזה מתיסד יסוד שנאת לאומים ועמק רעה של טומאת שפיכת דמים, מבלי להמיש את העול מעל צואר האדם

As a result of uprooting the foundation of justice from its divine content, that basest evil takes holds and with pollution it comes to infiltrate the private law of individuals and it penetrates spreading greatly to the (lower) souls of the nations; and with this is founded the basis of nations' hatred and the impurity of bloodshed's profound evil is established, without removing the yoke from man's neck.

---

[25] Exodus 18:15-16

אמנם עיני כל מוכרחות להיות נשואות לאור עולם אור ד', אשר יגלה על
ידי משיח אלהי יעקב: והוא ישפט תבל בצדק, ידין לאומים במישרים

Indeed, the eyes of all must be raised to the light of the world, the light of
God that will be revealed through the messiah of the Lord of Jacob[26] –
"He will judge the world with righteousness, he will judge nations with
uprightness."[27]

4

יש מין ארס רוחני כזה, שבטבעו הוא לטשטש את התכן הישראלי
המיוחד, שהוא אור הקדש היותר מעומק שבעולם

There is a type of spiritual venom whose nature is to blur the unique
Israelite content, the deepest light of holiness in the world.

החיים הקדושים, השופעים בפנימי פנימיות ההבהקה של אור אלהי
אמת והולכים בדרך ישרה על כנסת ישראל ופתוח נשמתה, אחוזים
בלשד החיים של קדושת אמונתה הטהורה בטהר עליון, שרק העולם
העתיד להתחדש ברום טהרת קדשו יוכל לספגו ולהאיר את עלילות
החיים על ידו

The holy life, abounding in the innermost glow of the light of the True
Lord and going in the straight path upon the Congregation of Israel and
the development of her (higher) soul, is intertwined in sublime purity with
the essence of the life of her pure holy belief, such that only the world to

---

[26] II Samuel 23:1; Zohar Vayikra 19b

[27] Psalms 9:9

be renewed in the future in the height of the purity of its holiness will be able to absorb it and illuminate the adventures of life through it.

רוח עליון זה קובע בכחו, בחיים המעשיים שבישראל מעבר מזה ובחיי האמונה ותכן שפעת הלב והסתעפות הרוח מעבר מזה, את תביעתה הפנימית של האומה, גבורת עמדתה וחשק נצחונה, מעוז בטחת תקותה ואור עתידה

This sublime spirit establishes with its strength - in the practical life of Israel on the one hand and the life of belief and the content of the heart's flowing abundance and the spirit's branching out on the other hand - the inner claim of the nation, the strength of her position and the desire for her victory, from the might of her hope's confidence and the light of her future.

נגד זה, אותו הארס מגיע בפגמו אל תוכיות דם החיים של טהר האמונה, פסגת עז הקדש, ומרפף את יסוד המעמד האחדותי האיתן של האומה, נוטל מן העולם את זיו החיים הפנימיים של הטהר האלהי ונותן במקומו נגה חיצוני, שאין בו כלום מאותו החידור, הדיוק, הנצחון, הבטחה ואור האמת המנצחת כל עדי עד

Against this, that venom arrives with its deformity to the interior of the purity of belief's life-blood, the pinnacle of holiness's might, and weakens the foundation of the robust unified position of the nation, taking from the world the inner radiance of the life of divine purity and replacing it with a superficial shine, which has none of that penetration, precision, victory, confidence, and light of truth that wins all for eternity.

יונק הוא ארס זה משפעת הלח של רוח האמונה והמוסר, מתפשט הוא
על המון עמים רבים ונאות הוא מאד ללאומי התבל בחוג רחב

This venom nurses from the abundant precipitation of the spirit of belief
and morality; it spreads upon many great nations and it is quite suited to the
nations of the world in a broad sense.

עומד הוא על בסיס של הכרה מתדלדלת באופי המוסר והטעם של
האמונה והדבקות האלהית, המובעה בחיי האומה הישראלית בכל
חסן וטהר

It stands on the basis of a diminished recognition of the nature of morality
and the reason for belief and divine attachment that is expressed in the life
of the Israelite nation in all fortitude and purity.

לוחך הוא כלחוך השור, מכה כשאיה שער, חושק הוא לבלוע את פנים
החיים, שוקק למחות את שם ישראל מעל פני האדמה, לאבד את הזהר
הפנימי של העולם ולקבוע תכן חיצוני מגושם, מקיף בהכללה רפויה
ומרופד בתוכיותו באויליות ורשעה של אליליות

It licks up, like the licking up of the ox[28], the gate is struck to ruin[29], it
desires to swallow up the inner quality of life; it longs to blot out the name
of Israel from the face of the earth, to destroy the inner brilliance of the
world and to set up a superficial, materialistic content; it encircles with a
weak inclusiveness and its inside is padded with foolishness and the evil of
idolatry.

---

[28] See Numbers 22:4

[29] See Isaiah 24:12. See Bava Kamma 21, Zohar Balak 186a

ושליטתו מגעת עד עת בא דבר ד' להגלות וישועת ישראל מעמק נשמת
חי העולמים להופיע, אז ינוסו הצללים ואור חדש על ציון יזרח

Its control reaches until the time comes that the word of God is to be
revealed and for the salvation of Israel through the depth of the (higher)
soul of life to appear; then the shadows will flee and a new light will shine
on Zion.

5

העולם ומלאו לאור ישראל מחכים, לאור עליון של בהירות תהלת שם
ד', של עם זו יצר לו אל לספר תהלתו, הידיעה המנוחלת מברכת
אברהם, הברוך לאל עליון קונה שמים וארץ, לעם לבדד ישכון ובגוים לא
יתחשב, לעם אשר ד' בדד ינחנו ואין עמו אל נכר, העם המטהר את
העולם כלו מטומאתו ומכל מחשכיו, העם אשר נחל חמדה גנוזה, כלי
חמדה, שבה נבראו שמים וארץ: לא חזיונות לב, לא מוסר אנוש, לא רק
חפץ הגון וציור טוב, לא הפקרות העולם החמרי בכל ערכיו, לא עזובת
הגוף ביסוד ערלתו וטומאתו ועזובת החיים והחברה, הממלכה
והמשטר, בשפלות זוהמתם, ולא עזיבת העולם וכחותיו הטבעיים אשר
נפלו יחד עם חטאת האדם בשפלותם, כי אם רוממות הכל, אור הלבנה
כאור החמה ואור החמה שבעתים כאור שבעת הימים

The world and all that is in it wait for Israel's light, for the supreme light of
the brilliance of the praise of the name of God, for a people that He
formed for Himself to recount His praise,[30] the knowledge inherited from
Abraham's blessing,[31] blessed by supreme God creator of heavens and
earth, for the nation that dwells apart and is not reckoned among the

---

[30] See Isaiah 43:21

[31] See Genesis 14:19

nations,[32] for the God who leads alone and with whom there is no foreign god,[33] the nation that purifies the entire world from its impurity and from its darkness, the nation that inherited a hidden treasure,[34] a precious utensil[35] with which the heavens and earth were created:[36] (the world awaits not) fantasies of the heart, not mortal morality, not mere suitable desire and good vision, not renunciation of the world with all its values, not abandonment of the body with its uncircumcised foundation and its impurity and the abandonment of life and society, the state and the government, with the lowliness of their filth, and not the abandonment of the world and its natural forces in their lowliness that fell together with the sin of Adam; rather, (the world awaits) the majesty of all: "the light of the moon shall be as the light of the sun, and the light of the sun shall be sevenfold, as the light of the seven days."[37]

אין מוחם ולבם, אין נפשם ורוחם של כל עם ולשון יכולים עדיין
להסתגל לקדושת עולמים, לחדות גאות ד', שליטת היצירה מעומק
ראשיתה עד עומק סופה, החבוקה כולה באחדות האלהית בעמק
טובה, ברעם גבורתה, בטהרתה וצחצוחה

Neither brain nor heart, neither psyche nor spirit of any nation or language can yet adapt to the holiness of worlds, to the joy of God's grandeur, (His) control of the formation from the depth of its beginning to the depth of its end, which is all embraced by divine unity in the depth of its goodness, in the thunder of its power, in its purity and its radiance.

---

[32] Numbers 23:9

[33] Deuteronomy 32:12

[34] Shabbat 88a

[35] Pirkei Avot 3:14

[36] Genesis Rabbah 81

[37] Isaiah 30:26

ואנו מכירים את כל השפעותיהן השונות של כל ההדרכות של האומות כולן, את דרגותיהן לפי ערכם, את האור שבתוך החשך לכל מדותיו ואת עמק המחשכים לכל מיניהם ושאיפותיהם: נצחנו את העננים הכבדים והמגואלים אשר לממלכות האליל, והננו הולכים ומנצחים גם את ענני החשך הקלים מהם

And we recognize all the different influences of all the guidelines of all the nations, their levels according to their value, the light that is within the darkness in all its characteristics and the depth of all types of darkness and their aspirations: we vanquished the heavy and polluted clouds of the idolatrous states, and behold we are progressing and vanquishing the lighter clouds of darkness from them.

בטול המצות המעשיות אשר יצא מהמינות וצדדי אליליותה, יחד עם התגברותה לקלוט לה מדתנו ערכי אמונה ומוסר בפום ממלל רברבן, לאמר הרבה ושלא לעשות גם מעט, - מקושרים הם המאפלים הללו עם אותה ההתטמטמות הגויית, שלא תוכל להכיל בלב הערל את השקפת העולם האלהית העליונה בכל זהרה, שהיא קושרת שמים וארץ, גוף ונשמה, אמונה ומעשה, ציור ומפעלים, אישיות וחברה, עולם הזה ועולם הבא, הוית העולמים בראשיתם וגורלם באחריתם, רוממות עולמי עד, שמחת שמים וארץ וכל צבאם, במחיית שם ושאר וכל צל אלילי, בהטהר גם שפל דרגת העולמים מזוהמותיו, בהתישר גם העקמומיות היותר מעוותה ומלפפת יחד עם כל סילוף גם היותר קטן וקל, ואור יזרח לישרים

The nullification of the practical commandments that went forth from the heresy (Christianity) and its aspects of idolatry, together with its self-overcoming to absorb for itself from our religion values of belief and morality with a mouth that talks big, saying much and not doing even a little – these forces of darkness are connected with that gentile obstruction, which cannot contain in the uncircumcised heart the sublime divine worldview in all its brilliance, which connects heaven and earth, body and soul, belief and action, vision and production, (individual) personality and society, this world and the next world, the existence of the worlds from their beginning to their end, eternal majesty, the happiness of heaven and earth and all their legions, with the blotting out the name and remnant[38] and every shadow of idolatry, with the purifying of even the low levels of the worlds from their pollutions, with the straightening of even the most crooked and coiled distortion together with every falsification even the most small and minor, and light will shine for the upright.[39]

והעולם הגויי ככה הוא, מורכב, מחולק, אין אחדות לגוף עם הנשמה, אין חבור והתמזגות פנימית לרוחניות העולם וגשמותו, אין קשר פנימי בין המעשים ורחשי הנפש

And the gentile world, so it is – complex, divided, lacking unity of body and soul, lacking interrelation and inner blending of the spirituality and physicality of the world, lacking inner connection between action and movements of the psyche.

השתוף הוא להם לעת עתה תכלית העליה, לפני זריחת אורן של ישראל

The (belief in) combination (of the Creator with another being(s)) is presently for them the height of ascent, before the shining of Israel's light.

אבל כמה אומלל הוא העולם, שהרשעה והחשכה הזאת מרימה בה ראש והיא מתאמרת למבחר מאוייו

---

[38] See Isaiah 14:22

[39] Psalms 112:4

But how miserable the world is that this evil and darkness raises its head and poses as the choicest of the world's desires.

כמה אוצרות רשע כלולים תחת שקר נורא ואיום זה, שיש לו טלפי חזיר המתפשטות לעין כל עובר לאמר: ראו שאני טהור

How many storehouses of evil are hidden under this horrible and frightening lie, which has the hooves of a pig presented to every passerby saying, "Look, I am pure."[40]

וכמה אומללים הם הרעיונות השוטפים מתוך העולם הטהור והאמתי אל שפך זוהמא עכורה זו

How miserable are the ideas that flow from the pure and true world into this cesspool.

כמה אור צריכים להרבות לגאול את האורות נפילי המחשכים! - והם יגאלו, גאולת עולמים, בגאולת גוי קדוש

How much light is required to be added to liberate those lights that fell into darkness - and they will be liberated, a liberation of worlds (or, an eternal liberation), with the liberation of a holy nation.

---

[40] Leviticus Rabbah 13; Midrash Tehillim 80

6

ההפקר של העולם המעשי, הבא מתוך ההתפרצות אל העולם הרוחני
בלא סדר ותקון של קודש, כשם שהוא מונע את אור הקודש
מהתפשטותו במרחב ההויה, כך הוא מוריד את ערכו ומחשיך את
יפעתו ברום עליון, ונשאר הציור האלהי, שאין קץ וסוף, ראשית ואחרית
לרומו, מך ונשפל. אויב חרף ד' ועם נבל נאצו שמך

The abandonment of the world of action, which came through the
invasion into the spiritual world without the order and preparation of
holiness, just as it holds back the light of holiness from its spreading
through the expanse of existence, it also lowers its value and darkens its
beauty in the sublime heights, and the idea of the Divine, whose exaltation
has no limit, no beginning, and no end, remains poor and demeaned: "…
the enemy scorned God; and a vile nation despised Your name."[41]

תאות ענוים היא גאולת ד', אורן של ישראל מודיע שם ד' במרומים
ובמעמקים, וכל עומק השפלת ההשגחה והשליטה, ההויה והיצירה,
מביאה רוממות השקפה והתעלות אין סוף

"The desire of the humble"[42] is God's emancipation: Israel's light makes
known the name of God in the heights and the depths. And the depth of
the degrading of Providence and rule, existence and formation, brings
about exaltation of outlook and infinite elevation.

---

[41] Psalms 74:18

[42] Psalms 10:17

אמנם יש אשר הרשעה מקבצת כח מפוזר בכל מרחבי העולם החיצוני, בכל חוג המעשה והמפעל, ומוסיפה ברק להדלקה הרוחנית הציורית, ואף שהוא מקסם כזב ושקר שאין לו רגלים מ"מ הרי הוא נטל מזיו הקודש בגנבה

Indeed, it happens that evil gathers strength that is scattered in all expanses of the external world, in all circles of action and industry, and adds shine to the envisioned spiritual fire, and even though it is a charm of deception and falsehood that has no legs (upon which to stand), in any case, it took by theft from the radiance of the holy.

והקדושה לוקחת בחזרה את כל האורות הגנובים הללו, ומעמקי האמונה הציורית והתארת אידיאלי המוסר מתגדלים ומתאמצים יותר ויותר ע"י שבית האויב והחזרת כל הנפש והרכוש אשר לקח, בהעשותו כמצולה שאין בה דגים וכמצודה שאין בה דגן

And holiness is taking back all these stolen lights,[43] and the depths of envisioned belief and the description of the ideals of morality grow and strengthen more and more through the capture of the enemy and the returning of all the (lower) souls and the property it took, with it becoming like a pond that has no fish and a net that has no grain (to use as bait).[44]

7

כשם שמכירים תנאים אקלימיים, מסוגלים לבעלי חיים ולצמחים שונים, ויותר מזה תנאים מובדלים לסוגים: הים והיבשה, העפיפה

---

[43] Sefer HaLikutim, Likutei Torah of Rav Chaim Vital, Kings 1

[44] See Brachot 9a

באויר וההליכה, ומי שמסוגל לאחד מהם אם יחליף את תפקידו במה שמוזר לו את נפשו הוא חובל ככה הם גם החילופים הרוחניים, מצד פנימיות ערכי החיים שלהם

Just as we recognize climatic conditions suited for different animals and (various types of) vegetation, and more than that, conditions distinct by type: sea and land, flight in the air and walking, and one who is suited to one of these, were he to exchange his role to something alien to him, he would damage his psyche - so are spiritual exchanges in regard to their inner spiritual values.

בכל ספירה רוחנית יש צביוני חיים מיוחדים

In every spiritual realm there are unique characteristics of life.

כל זמן שהדברים באים רק למגע של הכרה אין הדבר חודר כ"כ עד עומק החיים, אמנם כיון שבאו לידי הרגשה, כבר החיים מתרשמים בו ביותר ע"פ תנאיהם המיוחדים

As long as matters only come to contact (physical) recognition, they do not penetrate to the depth of life; however, once they reach to feelings, then life is more impressed by them, according to their specific conditions.

ומשבא עד לידי אמונה ודבקות אז החיים מוטבעים במטבעתם המיוחדה, ואם הם נאותים לאותו המקצוע אז הם מתברכים ומתאדרים, ואם אינם נאותים לו, אז כפי מדת רחוקם ונגודם, ולפי מדת שקועם בתוכו והשרשתם, ככה תהי מדת חרבנם ואבודם

And when they become belief and attachment then life is imprinted with their unique stamp, and if they are appropriate to that specialization then they are blessed and strengthened, and if they are not appropriate to it, then according to their measure of distance and opposition, and according to their measure of being embedded in it and their entrenchment, so will be the measure of their destruction and their loss.

זאת היא התכונה העמוקה של ההשתמרות מאשה זרה במובן הרוחני, אשר דרכי שאול ביתה ורגליה יורדות מות; וכמה גדולה היא מדת ההמשכה לרכי לב וקטני דעת, הולך אחריה פתאום כשור אל טבח יבוא וכעכס אל מוסר אויל

This is the deep characteristic of guarding oneself in a spiritual sense from an alien woman, "whose home is the way to the netherworld"[45] and "whose feet descend to death;"[46] how great is her attractiveness to the softhearted and weak-minded; "He goes after her suddenly, like an ox goes to the slaughter, like (a snake's) poison toward a fool's morality."[47]

בית ישראל יודע בחוש קודש העמוק שלו איך להשמר מפח יוקשים, ויודע הוא בבהירות להגן על עמדת קיומו הרוחני האיתן, גם נגד אותו כח המושך של הזרות, אשר נגוזה מבטן אמו אחרי שנתנכרה וקנתה לה תכונה זרה

The house of Israel knows through its deep, holy intuition how to guard itself from a hunter's trap; it knows with clarity to defend the position of its mighty spiritual existence, even against that attractive foreign power that

---

45 Proverbs 7:27

46 Proverbs 5:5

47 Proverbs 7:22; Avodah Zarah 17,
; Zohar Pinchas 252a

was shorn from its mother's stomach after it estranged itself and acquired an alien quality.

ואת פרטי הזריות, איכות ההשתמרות ועמקי האבדון שבהם, וכל הליכות היחש עמהם הוא סוקר, והם בספרתו בדיני תורה והכרות-אמונה בדעה מבוססת ורוח אמיץ, כראוי לעם עז, אשר עז לו באלהים סלה

And the details of the foreignness, the details of self-defense (from them), the depth of loss they hold, and all the rules of relating to them, (the house of Israel) surveys; they are found in its literature, in the laws of its Torah, in belief-awareness, in grounded knowledge and a brave spirit, as is fitting for a mighty nation whose might is from its Lord.

8

ד' צבאות הוא ד' אלהי ישראל, וצבאות ישראל צבאות ד' הם

God of Legions is God, the Lord of Israel, and the legions of Israel are the legions of God.

ברוחנו ועצמות נשמתנו חרותים במכתב אלהים כחו וגבורתו של יוצר בראשית

With the writing of the Lord, the power and strength of the Fashioner of Creation are engraved in our spirit and the essence of our (higher) soul.

העולם ומלאו מיד ד' נוצרו, נתהוו וקמו, מתהוים וקמים, חיים ומתקימים, מתפתחים ומתאזרים

The world and all that fills it, by the hand of God they were formed, came into existence and arose, exist and stand, live and persist, develop and strengthen.

הלאמתנו בנחלת ד' קשורה היא ביצירת מעשה בראשית, כח מעשיו הגיד לעמו לתת להם נחלת גוים

Our national existence in the inheritance of God is connected with the work of Creation – "The power of His works He told to his nation to give to them the inheritance of nations."[48]

הגבורה האלהית השרויה בעולם, שחדשה את העולם ומחדשתו בכל יום, היא היא שמפיה שמענו את התורה

The Divine power that permeates the world, which innovated the world and renews it every day - this is the mouth from which we heard the Torah.

מפי הגבורה שמענו "אנכי" ו"לא יהיה לך", וכל התורה כולה קבל משה מפי הגבורה

From the mouth of the Almighty we heard,[49] "I am…"[50] and "You will have no other…"[51] and Moses received all of the Torah from the Almighty.

---

48 Psalms 111:6

49 Makkot 24a

50 Exodus 20:2

51 Exodus 20:3

את הגוף אין אנחנו עוזבים, לא את הגוף הפרטי ולא את הגויה
הלאומית, כי אם אנחנו מנצחים אותו

We do not abandon the body - neither the individual body nor the national
body (politic) - rather we triumph over it.

יודעים אנחנו, שהיצר הרע והיצר הטוב יצירה אחת היא מידי אל עולם,
וכמו כן עולם הזה ועולם הבא, העולם החברתי, המשטרי והרוחני,
התיאורי, המוסרי, האידיאלי והממשי, הכל חטיבה אחת היא והכל
עולה במעלות הקדש ומשועבד לרצון גבוה, הכל הוא אמרתי ונעשה
רצוני

We know that the good inclination and the evil inclination are one creation
made by the God of the world, just like this world and the next world, the
social world, the governmental and the spiritual, the theoretical, the moral,
the ideal and the real - it is all one unit and everything ascends the steps of
holiness and is subjugated to the will of Above, all is "I said and My will
was done."[52]

גבורתנו עדינה היא, א"א שתהיה גבורת חרבן וכליון

Our power is refined; it is impossible for it to be a power of destruction
and annihilation.

הגבורה האלהית בעולם אינה נפגשת במה שחוץ להמצאתה, וקל
וחומר שחוץ לשלטונה, אם כן היא בכל תכסיסיה מלאה עומק רחמים

---

52 See Menachot 110a and Zevachim 46b

The divine power in the world does not meet with anything outside its invention and all the more so outside its control; if so, in all its tactics it is full of the deepest compassion.

המצאת הנגודים מרחיבה את גבול היש

The presence of contradictions expands the boundaries of existence.

הטוב מבחין את הרע והרע מעמיק את הטוב, מרשם ומאלם אותו

Goodness discerns evil and evil deepens goodness, sketching and empowering it.

ספיגה כללית זו בהכרה עולמית אלהית, חדורה עד תהום הנשמה
משולבה במעמקי ההיסתוריה הלאומית, אחוזה במלא עולמים,
חובקת באהבה את כל ומתנשאת בגבורה על כל, מלאה ענוה עם כל
וחשוקת רחמים על כל, היא יסוד תפארת ישראל, המובעה באמת
ליעקב, במטרת כסא ד' בעולם, שלא תפסק לעד, היא מקימת ומחיה
אותנו

This overall absorption with universal divine recognition, which reaches to the interior of the (higher) soul, intertwined with the depths of the national history, is possessed with the fullness of worlds, embracing all with love and through strength rising above all, it is full of humility with all and desires compassion for all, it is the foundation of Israel's splendor that is expressed in "truth (belongs) to Jacob," with the goal of (establishing) God's throne in the world, that it should never end, this is what maintains and nourishes us.

לא ברכב ולא בסוסים הוא יסוד גבורתנו כי אם בשם ד' אלהינו נזכיר,
המה כרעו ונפלו ואנחנו קמנו ונתעודד

Neither in chariot nor horses is the foundation of our strength found, but
in "…we call with the name of God, our Lord; they collapse and lie fallen,
but we rally and gather strength."[53]

ואם שטוחה היא הכרתנו את עצמנו, שטוחה היא הכרת העולם את
ערכנו, לקויה היא הבנת העמים את חשקנו ואת המעוף האלהי שבחיי
נשמתנו, על כן מתמזמזים הנסיונות הראשונים שלנו, שקמו בלא
העמקת היסוד, בלא חשיפת מעין החיים

If our recognition of ourselves is superficial, the world's recognition of our
value is superficial; defective is the nations' understanding of our desire and
the divine vision in the life of our (higher) soul; therefore, our first attempts
are languishing, having arisen without deepening the foundation, without
revealing the wellspring of life.

ומזמוז זה, רקב נורא וכאב חודר זה, עולם חדש יחדש, רוח חדש יבא
בעמים, הכרה חודרת ופנימית בישראל

This stalling, this horrible rotting and penetrating pain will innovate a new
world; a new spirit will come to the nations (and) a new penetrating and
inner recognition will come to Israel.

עז וגבורה, חשק ואבירות, אמונה ונצחון עז, התהפכות עמק היאוש
למקור ישועה ופריחת חיים, רוממות קדש כימי עולם, והכל נוהר
הופעת גאולה: התבונה, הברקת הבקורת, ההסדרה החברתית ועמק
האמונה, חדוש הנשמות והרטבת הגויות, בדליגה ובסדור, ממקור

---

[53] Psalms 20:8-9

הכרת האמת של גדולת שם ד' אלהי ישראל, אלהי כל עולמים יוצר כל עולמים ויוצר רוח האדם בקרבו, אשר ממקור חיים אשר עמו חי ישראל מעולם ועד עולמי עד. והתגדלתי והתקדשתי, ונודעתי לעיני גוים רבים וידעו כי אני ד, כי ימין ושמאל תפרצי וזרעך גוים יירש וערים נשמות יושיבו. אל תיראי כי לא תבושי ואל תכלמי כי לא תחפירי, כי בשת עלומיך תשכחי וחרפת אלמנותיך לא תזכרי עוד, כי בעליך עשיך ד צבאות שמו וגאלך קדוש ישראל אלהי כל הארץ יקרא

Might and strength, desire and valiance, belief and victory, overturning the depth of despair to (become) a source of salvation and flourishing vitality, elevated holiness as in days eternal, and all illumines the arrival of emancipation: understanding, brilliance of criticism, the social order and the depth of belief, the renewal of (higher) souls and the refreshing of bodies, with skipping and with order, from the source of the recognition of the truth of the greatness of the name of God the Lord of Israel, the Lord of all worlds, Fashioner of all worlds, Who forms the spirit of man within him, that from the source of life that is with Him Israel lives eternally. "I will magnify Myself and sanctify Myself, and I will make Myself known in the eyes of many nations; and they shall know that I am God."[54] "For you shall spread abroad on the right hand and on the left; and your seed shall possess the nations, and make the desolate cities inhabited. Fear not, for you shall not be ashamed. Neither will you be confounded, for you shall not be put to shame; for you shall forget the shame of your youth, and the reproach of your widowhood shall you remember no more. For your Maker is your husband, God of hosts is His name; and the Holy One of Israel is your liberator, the Lord of the whole earth shall He be called."[55]

---

[54] Ezekiel 38:23

[55] Isaiah 54:3-5

9

המינות מתוך שיצאה מהמחנה אל החוץ הרי היא נפרדת, מחרפת
ומגדפת, אומרת: מי לי בשמים, אע"פ שבפיה תדבר רמות ודבריה חלקו
מחמאות

Heresy (i.e. Christianity) in that it departed from the camp behold it is
separated; it curses and blasphemes saying, "Whom do I have heaven?"[56]
even though with its mouth it speaks exaltedly and its words spread flattery.

רפיון בטחונם של ישראל, שמתאמצת המינות להרחיב, אחרי כל
ההבטחות ושבועות עליון ובחירה אלהית נצחית בהם להיות סגולה
מכל העמים, הרי הוא סעיף מסורי הגפן נכריה של הפרדת רשות
הגבוה, אותה הרשעה החושבת להפר ברית בשר וברית הארץ גם יחד,
המדמה בחולשתה הפנימית כי הגוף וכחותיו והעולם החמרי
והופעותיו, בחירת האדם ורצונו בכל ערכיו, הנם דברים מופרדים,
שיכולים לסכל את עצת ד' העליונה, ותוכל לפי זה ברית עולמים להיות
מופרת ע"י סבות צדדיות כחטאות ישראל והתגברות הרשעה החמרית
בעולם

Heresy exerts itself to expand weakness in Israel's confidence (even) after
all the assurances and sublime oaths and the divine eternal selection that
they be a treasure from all the nations, behold, it (Christianity) is a branch
of the foreign wayward vine that is a separation from heaven's dominion;
that evil thinks to annul together the covenant of the flesh also the
covenant of the Land; it imagines in its inner weakness that the body and
its powers, the material world and its manifestations, and the selection of
mankind and his will with all its values are separated matters, that they can
frustrate God's ultimate direction and that accordingly an eternal covenant

---

[56] Psalms 73:25

40

can be annulled by means of incidental causes like Israel's sins and the intensification of earthly evil in the world.

ולא ידעו ולא יבינו בחשכה יתהלכו, כי אלהי עולם ד' עושה שלום ובורא רע והכל עבדיו

And they will not know and will not understand, (for) they walk in darkness, that the Lord of the world, God, makes peace and creates evil[57] and all are His servants.

ולא כאלה חלק יעקב כי יוצר הכל הוא וישראל שבט נחלתו ד' צבאות שמו, והעולם הגשמי עם כל עומק הרשעה המקננת בבשר, הכל קשור בתנאים שחקק בהם צור עולמים בעולמו, שהוא רשות היחיד של יחידו של עולם, אין עוד מלבדו, אפילו מעשה כשפים שמכחישים פמליא של מעלה

"Not like these is the portion of Jacob; for He is the Fashioner of all things and Israel is His very own tribe: God of Hosts is His name;"[58] the physical world with all the depth of evil that makes its nest in the flesh - all is connected by conditions that the Rock of Ages engraved in His world; it is the private domain[59] of the Unique One of the world; there is none other than He[60] - "even regarding witchcraft that diminishes the heavenly entourage."[61]

---

[57] Isaiah 45:7

[58] Jeremiah 10:16

[59] Genesis Rabbah 11:5

[60] Deuteronomy 4:35

[61] Sanhedrin 67b

ונשמת ישראל באור עליון זה היא שרויה ממקור חיים עליונים הללו היא מקבלת את שפעת חייה, על כן תורתו תורת עולמים, ברית עולם לא תשכח, ולא תוכל שום הגברה חצונית או רוחנית פנימית לעבור את פי ד' ולסור מחקותיו חקות עולמים, ומקור הגבורה והעז, גם זה שמתגלה בכבישת החיים, מתוך אוצר גבורת אל ד' יוצר עולמים היא לקוחה

And the (higher) soul of Israel is steeped in this sublime light; from the Source of this sublime life it receives its abundant life force; therefore, His Torah is eternal, an eternal covenant not to be forgotten and no external strength or inner spirituality can cross the mouth of God to stray from His eternal laws and from the Source of power and might; even that which appears as the subduing of life, is taken from within the storehouse of God, Fashioner of the world.

ולהגשים ולגלות בחיים ובמעשה תוצאת תורה עליונה זו, קרואים אנו לאורו של משיח, שיתנוצץ מכל העברים, מכל מסבות החיים, מכל הבחירות, מכל העצות, מכל משטרי הטבע, מכל ההשכלות ומכל הקדושות, מכל הנסים ומכל הנפלאות, והעני הרוכב על החמור בעצמו עם ענני שמיא כבר אנש אתה

And to realize and reveal in life and action the products of this sublime Torah, we are called to the light of the messiah that will shine from all sides, from all situations in life, from all decisions, from all counsel, from all dominions in nature, from all schools of thought and from all the wonders; and the "poor man riding on the donkey"[62] himself is he who "...like a human being came with the clouds of heaven...."[63]

---

[62] Zechariah 9:9

[63] Daniel 7:13 (See Malbim.)

10

כנסת ישראל שואפת לתקון העולם בכל מלואו, לסליחה מקורית מטהרת, שבאה לא רק מישועת נפש האדם והטבת רצונו מצד עצמו, - שבזה צריכים להפגש בויתור ומדת חסד מיוחדה, בלא התכללות עם כל המדות כולן ובלא שקול של עז צדק ומשפט, - כי-אם תקון כולל לסבת החטאים

The Congregation of Israel aspires toward the reparation of the world with all that fills it, toward purifying, original forgiveness that comes not just from the salvation of man's (lower) soul and the improvement of his will in itself – for which we introduce concession with the characteristic of kindness in particular, without integration of all character traits and without valuing the might of righteousness and law – but rather overall repair that includes the cause of sins.

חק הטהרה, העברת רוח הטומאה על ידי שמו של משיח שקדם לעולם, פרה אדומה מכפרת, והיא מטהרת מטומאת מת, נעוץ בסלוק המיתה מיסודה, בהעלאת העולם מעמק חטאו, מחטא הארץ ומקטרוג הלבנה, מנפילת התיאוריה העולמית ביסוד מציאותה, מהנמכת האידיאל העולמי במציאות, מה שהכשיר את החטא האנושי וכל הצרות הרבות הבאות ממנו

The law of purification, the removal of the spirit of impurity through the name of the messiah[64] that preceded the world, "the red heifer atones,"[65] and it purifies from the impurity of death, is wedged into the departure of death from its foundation, to raising the world from the depth of its sin, from the sin of the earth and the accusation of the moon, from the fall of the world theory in the foundation of its existence, from the lowering of

---

[64] Pesachim 54a, Genesis Rabbah 1

[65] Moed Katan 28a, Genesis Rabbah 49

the worldwide ideal in reality, which laid the groundwork for human sin and all the many troubles that came from it.

הכל, הכל צריך להיות מתוקן, הכל צריך להיות מטוהר

All, all must be repaired; all must be purified.

שאיפת ישראל לבנין האומה, לשיבת הארץ, היא שאיפה של עומק הטוב החודר את כל היש בשרשו

Israel's aspiration for the building of the nation, for the return to the Land, is the aspiration of the depth of goodness that penetrates all existence in its root.

לא זקיפת לבנה מאיזה בנין כי אם פניה שלמה ועמוקה אל היסוד של כל הבנין, לכוננו בתקון

Not setting upright a brick[66] from some building, but rather complete and deep turning to the foundation of the whole building, to establish it correctly.

לא עצים אחדים וענפים מאילן החיים והטוב, אלא לחשוף את המקור, את מעין החיים שלשד עץ החיים, עם כל שרשיו, גזעיו ענפיו, פארותיו ועליו, משם יונק, וממנו יבא רוח חיים, רוח חדש, ועולם חדש, יבנה, כי כאשר השמים החדשים והארץ החדשה אשר אני עושה עומדים לפני נאם ד' כן יעמד זרעכם ושמכם

Not several sticks and branches from the Tree of Life and goodness, but revealing of the source, the living wellspring from which the core of the

---

[66] Avodah Zara 46a, Sotah 47a

Tree of Life, with all its roots, its trunk and branches, its sprigs and leaves, draws sustenance; and from it will come a spirit of life, a new spirit, and a new world will be built, "For as the new heavens and the new earth, which I will make, shall remain before Me, says God, so shall your seed and your name remain."[67]

11

כל מה שנותן כח יותר גדול לעולם הבא הרי הוא יותר חי באומץ גם בעולם הזה

All that provides greater strength to the next world, behold, it also lives with more strength in this world.

והדבר מתבחן בישראל לענין בנין האומה

And the matter is tested in Israel in the building of the nation.

כל המאמץ את חיי עולם הרי הוא בונה את האומה בפועל, כי חיותם הלאומית של ישראל המשך היא מהצלחת עולמים

All that strengthens eternal life, behold, in practice it builds the nation, for the national life of Israel is a continuation of eternal success.

וזהו הגודל של תורה שבעל פה, שעמדה להשגיר את חיי העולמים במלא מובנם באומה ולהוציא מלבן של צדוקים, שהתלהבותם

[67] Isaiah 66:22

הלאומית דמתה ללהבת של תבן, שנשתלהבה ודעכה ואיננה, לומר:
ברכו את ד' אלהי ישראל מן העולם ועד העולם

This is the greatness of the oral Torah, which stood up to make eternal life
fluent in the mouth of the nation in its full meaning, and to extract from
the hearts of the Sadducees, whose national fervor was like a flame (fueled
by) straw that blazed and diminished and is no more, saying, "Bless God
the Lord of Israel from the world until the (next) world."[68]

ומיסוד עולם זה יבנה ויכונן גם עכשיו עמק החיים הלאומיים בישראל
ויתגדל בנין הארץ, וכל האמוצים הכלליים ההולכים לעומת התחיה,
ההולכת ומתגלה במסבותיה הרבות, האחוזות זו בזו בתאר שלשלת
גדולה, ארוכה, מסובכה ונפלאה, מפלאות תמים דעים

And from this world-foundation will depth of national life in Israel be built
and established and the building of the Land will be made greater. And all
the overall reinforcements that proceed in line with the (national) revival
that advances and is revealed in its many causes and circumstances, which
are intertwined in a great, long, complex, and wondrous chain, wonders of
(God who) harmonizes ideas.[69]

12

הסקירה הרואה את הכח האלהי החי ופועל בתועפות גבורותיו
ורוממות קדשו בכל מסבות הטבע, בכל הליכות רוחות האדם, בכל
סבוכי המלחמות, בכל תכני תעתועי האישים והעמים, היא מסדרת אור
קדוש על מלא כל העולם

---

[68] Brachot 9:5; Taanit 16a

[69] Job 37:16; See 2 Samuel 2:3

The assessment that sees the divine force alive and acting in flights of its strength and the exaltedness of its holiness in all circumstances/causes of nature, in all the ways of man's spirit, in all the entanglements of war, in all wayward content of individuals and the nations, it arranges holy light upon all the world.

היא מחברת את הנפש העולמית עם רוחה ונשמתה, מאגדת את כל המפעל והמעשה המסותר בחגוי סלעים וסתרי מדרגות אל כל הגלוי והמופיע בפליאות נוראות, ביד חזקה ובזרע נטויה, באותות ובמופתים, בגלוי שכינה ובנבואה מאירה

It connects the world's (lower) soul with its spirit and (higher) soul. It joins together all industry and action hidden in the clefts of rocks and hidden steps to all that is revealed and appears with awesome wonders, with a strong hand and an outstretched arm, with signs and wonders, with the revealing of the Divine Presence and with shining prophecy.

והחבור הזה, השכלי, מתמם את צביון האדם ומחיה את העולם, כשאור ישראל מתגלה על ידי עמק הדעת ומעמקי האמונה לראות, איך כל העלילות מראש ועד סוף, מראש מקדמי תבל עד אחרית ימים אחרונים, מתועפות תנועות רוחניות אדירות, הופעות שכליות ומוסריות מלאות וטובות, חדושי חכמות ומדעים נשגבים ומשוכללים, כל הארות תוריות בכחות כלליים ופרטיים, כל זהרי רוח הקדש וכל השפעות צדיקים יסודי עולמים, הם וגורמיהם העליונים והתחתונים, - הכל תנועת-עולמים גדולה אחוזה בהם, תנועת הארת אורו של משיח, שנברא קודם שנברא העולם

This intellectual connection harmonizes the character of man and nourishes the world; as the light of Israel is revealed through depth of knowledge and from the depths of belief to see how all events from the beginning to the end, from the beginning of the days of the early ones of the earth to the last days of the last ones, from great and powerful spiritual movements, full and good intellectual and moral phenomena, exalted and enhanced innovations of wisdoms and sciences, all lights of Torah with (their) collective and individual strengths, all the radiances of holy spirit and all the blessings from the righteous (who are) the foundations of the worlds, they and their upper and lower causes – all is a great eternal movement seizing them, the movement of the light of the messiah that was created before the world was created.

בכל עת שמתגלים מקרים ומאורעות, רעיונות ומחשבות, להרים נס של קירוב גאולה וישועה, בין שהיא גשמית ובין שהיא רוחנית, הדעת מכרת את אור ד' החי המופיע בהם ואת קול ד' הדובר וקורא מתוכם, וכל אשר תיטיב הדעת להכירו ולהבינו כה תגלה את האורות של המסבות, כן תישרם אל מטרתם וכן יתחברו האורות העלומים עם הגלויים, יתאגד הטבע עם הנס אגד עליון וחזק, אז ירד שריד לאדירים עם, ד' ירד לי בגבורים

Every time that incidents and events are revealed, ideas and thoughts, to raise the banner of drawing near liberation and salvation, whether spiritual or physical, the mind recognizes the light of the Living God that appears in them and the voice of God that speaks and calls from within them, and the more that the mind improves its recognition and understanding of it so will be revealed the light of the circumstances/causes, so will they be straightened toward their target, and so will the hidden lights be connected with the revealed lights, nature will be bound together with miracle in a sublime and powerful bond, "Then a remnant dominated over the mighty, God dominated for me over the warriors."[70]

כל ההשלמה השכלית הזאת, המתממת את האמונה ומאזרת כח את החיים לפעול ולעשות, לתור ולדרוש, לצפות לישועה ולעבוד עבודת ד' וישראל עמו, עבודת שמים ועבודת ארץ, ליחדא שמיא וארעא, היא באה בהשתלמותה על פי אותן המדרגות, שאורו של משיח זורח ומתגלה בהן, שהוא כולל ביחד את כל הרוחות: רוח ד', רוח חכמה ובינה, רוח עצה וגבורה, רוח דעת ויראת ד

---

[70] Judges 5:13

All of this intellectual growth, which harmonizes belief and girds life with strength to do and to act, to seek and to investigate, to anticipate salvation and to serve God and Israel His nation,[71] the service of heaven and earth, to unify heaven and earth, it comes to its fulfillment according to those levels in which the light of the messiah is revealed and shines, which is inclusive of all spirits: "And the spirit of God shall rest upon him, the spirit of wisdom and understanding, the spirit of counsel and might, the spirit of knowledge and of awe of God."[72]

ואור התחיה הרוחנית הולך ומתגלה, וצץ ופורח הוא אור התחיה המשיחית העזיזה, הבאה לטהר את סרחון הבשר, את זוהמת הנחש ואת שורש כל חטא, לשמח את העולם ולמלאותו אהבה וחדוה, בהסרת העצבון הבשרי המקושר עם הסרחון התולדתי, הסותם כל הופעת רוח טוהר. והריחו ביראת ד' ולא למראה עיניו ישפט ולא למשמע אזניו יוכיח, ושפט בצדק דלים והוכיח במישור לענוי אר;. והכה ארץ בשבט פיו וברוח שפתיו ימית רשע; התחיה המוסיפה חיי דעת להכרת הנצח להכרת עמדת מעז חיי הרוח, את הכרת שקרות המות, את הסרת כל פחד שוא וכל עצב נתעה, התחלת תקופת הזרחת אור תחית המתים בכל מלא חסנו

The light of the spiritual revival is progressively being revealed; the light of the powerful messianic revival flourishes and blossoms coming to purify the rotting of the flesh, the pollution of the snake and the root of all sin, to make the world happy and to fill it with love and joy with the removal of bodily sadness that is connected with the inherited rotting that blocks every appearance of a spirit of purity. "And his delight shall be in the fear of God; and he shall not judge after the sight of his eyes, neither decide after the hearing of his ears; but with righteousness shall he judge the poor, and decide with equity for the meek of the land; and he will strike the land with the rod of his mouth, and with the breath of his lips shall he slay the

---

[71] See 2 Chronicles 35:3

[72] Isaiah 11:2

wicked;"[73] the revival that increases the life of knowledge to recognize eternity, to recognize the powerful stance of the life of the spirit, the recognition of the falsity of death, the removal of every empty fear and every misguided sadness, the beginning of the period of the shining of the light of the revival of the dead in its full strength.

אורות עולמים אלו כלולים הם בהופעת האחדות של הנס והטבע, אשר
יאוחדו על ידי משכילי טוהר, החוזים בבטחה ובגלוי גמור את יד ד'
אלהי ישראל בכל חליפות העתים ומכירים את התסיסות ההיסתוריות,
כמו הטבעיות והעולמיות, מראש קדמות היצירה, בטרם הרים יולדו
ותחולל ארץ ותבל, ומעולם עד עולם אתה אל. תשב אנוש עד דכא
ותאמר שובו בני אדם

These eternal lights are encompassed in the emergence of the unity of miracle and nature, which are united by those of pure understanding, who see confidently and in a completely revealed way the hand of God, the Lord of Israel, in all changing times and they recognize the historical bubblings, like the natural and the eternal, from the beginning of Creation, "Before the mountains were brought forth, or ever You had formed the earth and the world, even from eternity to eternity, You are God. You turn man to contrition; and say: 'Return, children of men.'"[74]

לא נעזבה היא הטבעיות במהלכה, לא אלמנה היא ההיסטוריה
הסבוכה במסבותיה, בתוכה חי גואל חזק, צור ישראל וגואלו ד' צבאות
שמו, אלהי כל בשר, אלהים לכל ממלכות הארץ, אדון כל המעשים, צור
כל העולמים צדיק בכל הדורות

Naturalness is not abandoned on its procession; tangled history is not a widow in its circumstances and causes; within it lives a strong liberator, the

---

[73] Isaiah 11:3-4

[74] Psalms 90:2-3

Rock of Israel, its Liberator, God of Legions is His Name, Lord of all flesh, Lord to all kingdoms of the earth, Master of all actions, Rock of all the worlds, Righteous in all the generations.

לא עשתה הנבואה שום נס כי אם כשקשרתו לאיזו טבעת טבעית, אפילו קלושה וקטנה

Prophecy worked no miracle without connecting it to a natural coupling, even (if it was) weak and small.

חשבו בזה חושבים סימבולנים מחשבות, שכצללים נהלכו, והאמת המסרתית תביע אמריה בכל הוד גבורתה: רכוס מהודק דרוש תמיד להיות מעולם העליון, מהופעת השליטה הנשמתית, אל העולם התחתיתי המוגבל ומצומצם בטבעיותו, גם שם גם פה המהלכים קבועים ומסודרים, בחכמה, בחפש, במלא קדש, והכל הולך הלוך ואור

Thinkers of symbolism had thoughts about this that are like shadows passed on, and the tradition of truth expresses its statements with all the splendor of its might: (the existence of) a tight connection is always demanded to be from the higher world, from the expression of soulful rule, to the lower world (that is) bound and limited in its nature; both there and here the pathways are set and ordered, with wisdom, with freedom, with full holiness, and everything progresses and shines.

כפי ההפריה של זיו ההכרה של חכמת ישראל העליונה, של עטרות הנבואה ואספקלריא המאירה הנותנת עליהן את זיון מהוד קרניה, ככה תזרח הדעת להכיר את המגמה של כל המון המסבות וללכת עם כולן ולברך את שם ד' המאיר ומחיה, מסדר ומטיב את כל, אברכה את ד' בכל עת, תמיד תהלתו בפי

According to the fertility of the sublime wisdom of Israel's radiant awareness, of the crowns of prophecy and the shining mirror that places upon them their radiance from the splendor of its rays, so will shine the knowledge to recognize the target of all the multitude of causes/circumstances and to walk with all of them and to bless the Name of God that illuminates and enlivens, arranges and benefits all - "I will bless God at all times; His praise shall continually be in my mouth."[75]

השם המשולב של הויה ואדנות מאיר ומופיע ביקר תפארתו בכל אורותיו, מקורותיו, מבועיו ומעיניו, בכל צירופיו ולבושיו, בכל טעמיו ונקודותיו, תגיו ואותיותיו, ובלב ישראל חרותה אש דת, מטרת עולמים לכל תנועת החיים, לכל היש בעבר, הוה ועתיד, ומבעד כל מפלשי העננים אור הקדש יחדור, הנה ד' אלהים בחזק יבא וזרעו מושלה לו, הנה שכרו אתו ופעולתו לפניו

The interwoven Name[76] of "God Lord"[77] illuminates and appears in the preciousness of its glory in all its lights, its sources, its fountains and springs, in all its combinations and ensembles, in all its intonations and vocalizations, its crowns and letters; and within the heart of Israel is engraved a fiery law, an eternal purpose for all life's motions, for all past, present and future existence, and through all the expanses of clouds holy light will penetrate, "Behold, God the Lord will come as a Mighty One, and His arm will rule for Him; behold, His reward is with Him, and His recompense before Him."[78]

הכל לפי רוב המעשה ולפי הרחבת ההקשבה, לפי הגדלת התורה ולפי הפצת המעינות אשר לתהומות הרוחניות, לפי השלטת הגאון של

---

[75] Psalms 34:2

[76] Zohar Pinchas 223,228; Introduction to Tikunei Zohar

[77] The Names are usually translated opposite: "Lord God."

[78] Isaiah 40:10

חכמת ישראל המנוחלת הדוברת רק אמת בשם ד' על כל מחשבות אדם אשר המה הבל. יבש חציר נבל ציץ ודבר אלהינו יקום לעולם

All is according to the abundance of action and according to the broadening of listening, according to the growth of Torah and according to the spreading of the springs of the spiritual depths, according to the rule of the grandeur of Israel's inherited wisdom that speaks only truth in the name of God about all the schemes of man that they are vanity.[79] "The grass withers, the flower fades; but the word of our Lord will stand forever."[80]

13

תכונת סוד ד' ליראיו היא היא המלמדת את הכבוד אשר ירחש האדם אל הטבע, וע"י כבודה האמתי הרי הוא מעלה אותה, משגבה ומרוממה

The characteristic of "God's secret for those who are in awe of Him"[81] is what teaches the respect that man should feel toward nature, and through its true dignity, behold, he raises it, exalts it and uplifts it.

כמו בהליכות המוסר של חיי האדם היחידי כן בהליכות עולמים

Like the ethical pathways of an individual's life, so are the pathways of the worlds.

---

[79] See Psalms 94:11

[80] Isaiah 40:8

[81] Psalms 25:14

העליה המעולה בחיי המוסר היא ההתיצבות הישרת בכל הכחות, "רגלי עמדה במישור", ההתאמה המפוארה של כל נטיות החיים, עד שהשכל העליון נמצא בתור גלוי עליון של סכום החיים כולם, וכל אשר מתחת לו הרי הם ענפיו המתפשטים ממנו, שבים אליו ומתרפקים עליו, מוכנים לרצונו, ולעבודתו כסופה ירדופו, וכל המהלכים הטבעיים של הנפשיות והגופניות מוארים הם באור עליון ובמהות הקדש המנצח, המלא הוד ויפעת קדשים של זיו ההשכלה הטהורה המאירה באור חכמה ודעת יסודית

The excellent ascent in moral life is solidifying moral uprightness in all (one's) energies – "my foot stood straight…."[82] – the magnificent harmonization of all the inclinations of life, to the point where the sublime intellect is in the role of ultimate revelation of the totality of life, and everything below it, behold, they are branches extending from it, returning to it and clinging to it, ready for (doing) its will, and like a storm in pursuit of it's service, and all the natural pathways of the self and the body are illuminated with sublime light and with the essence of immortalizing holiness that is full of majesty and the beautiful holiness of the radiance of pure enlightenment that illuminates with the light of wisdom and fruitful[83] knowledge.

התוכן הזה עומד למעלה מהאופי המוסרי המוכרח לאסור מלחמות פנימיות, או להסיח דעה ורעיון ממהותו הטבעית ומכל תפקידיו, אשר אז המוסר מוסר צולע הוא, מיסר מסוכן לנפילה למהמורות

This content stands far above the moral character that is forced to bar internal struggle, or to distract itself from its natural essence and all its

---

[82] Psalms 26:12

[83] Literally, "foundational knowledge." In Kabbalah, the Hebrew word for foundation alludes to fruitfulness.

functions, which then is a limping morality, chastised and in danger of falling down to burial mounds.

על כן האידיאליות של העין הצופיה של המוסר העליון, לפחות, היא העלאת כל התוכן, התגלות כל היש, הופעת החיים בפנימיותו וכל מקיפיו

Therefore, the idealism of the sublime morality's vision, at minimum, is elevation of all content, revealing of all existence, the emergence of life in its innerness and all its orbits.

היא אמנם כלולה בתוך המערכה העליונה, מערכת הקודש, שהיא באמת כבר עולה ממעל לכל ערכים מוסריים, והיא תוכן התם, התמימות השלמה, שאין בה דופי פיסוק וקיצוץ מכל ההופעות, יושר השכל, יושר הלב, יושר הרגש, יושר הרוח, יושר הטבע, יושר הבשר, יושר ההופעה, יושר ההקשבה

It is indeed encompassed within the sublime framework, the framework of holiness, which in truth already rises above all moral values; it is the content of one who is whole, the complete wholeness, which has no defect, interruption, or cuts in any of its manifestations: uprightness of intellect, uprightness of heart, uprightness of feeling, uprightness of spirit, uprightness of nature, uprightness of flesh, uprightness of manifestation, uprightness of listening.

וקול אלהים חיים דובר אז מכל מרומים ומכל תחתיות, והעינים למישרים חוזות והמעוף מתחת לרום הוא תדירי, והחזרה חלילה בשביל הופעה והארה, בשביל העלאה והתממה, היא ג"כ תדירית, קלה ובטוחה. הקב"ה עושה להם (לצדיקים) כנפים כנשרים ושטים על פני המים, שנאמר על כן לא נירא בהמיר ארץ במוט הרים בלב ימים, ושמא

תאמר יש להם צער תלמוד לומר וקוי ד' יחליפו כח יעלו אבר כנשרים,
ירוצו ולא ייגעו, ילכו ולא ייעפו

And the voice of the Living Lord then speaks from all heights and all
depths, and the eyes see straight and the flight from below to above is
constant, and the cycle of returning for the sake of revealing and
illumination, for the sake of elevation and harmonization is also constant,
easy, and certain. "The Holy One, Blessed be He, will make wings like
eagles for the righteous and they will fly over the surface of the water, as it
is stated: 'Therefore, we will not fear when God changes the land, and
when the mountains are moved in the midst of the sea.'[84]"[85]

בפרטיות מתגלה חזון העולמים בכל תקופה שהקב"ה מחדש בה את
עולמו, שהכל לקוח הוא מאלף השנים של ההחרבה הכללית, שענפיה
מתפשטים בכל עת אשר תחיל ארץ ותנוע, יהמו יחמרו מימיו ירעשו
הרים בגאותו סלה, נהר פלגיו ישמחו עיר אלהים קדוש משכני עליון,
אלהים בקרבה בל תמוט, יעזרה אלהים לפנות בקר

In particular, the eternal vision is revealed in every era that the Holy One
Blessed be He renews His world; everything is taken from the thousand
years of overall destruction[86] whose branches stretch out in every period
that the earth trembles and quakes – "Its waters rage and foam; in its swell
mountains quake. Selah. There is a river whose streams gladden the city of
the Lord, the holy dwelling-place of the Most High. The Lord is in its
midst, it will not be toppled; by daybreak the Lord will come to its aid."[87]

---

[84] Psalms 46:3

[85] Sanhedrin 92b

[86] See Sanhedrin 97a

[87] Psalms 46:4-6

ואור הבקר גם בראשית קדרותו מבהיק הוא מתוכו את האורה העליונה, שהמוסר העליון דורש מהפרטיות על כללות היש ושורש המציאות, הנהגת העולם ועז החיים, סבוב העמים ותהלוכות הממלכות, אתה הוא האלהים לבדך לכל ממלכות הארץ, והנס והטבע מתאחדים באחדות מאירה

And the light of morning, even in the blackness of its beginning, the sublime light glows within it, such that the sublime morality demands from the individual to overall existence and the root of reality, rule of the world and might of life, the turning of the nations and the progression of governments – "...You alone are Lord of all the kingdoms of the earth..."[88] – and miracle and nature are united in shining unity.

מאור הנס העליון מתגלה איך סעיפי הטבע כולם, הבלתי מובנים מצד עצמם, הם הם ענפיו והתפשטות אורו, וכל הטבע כולו המתגלה בכל תפקידיו, בעולם ובאדם, בנפש היחיד ובנפש העמים, בדאגות החיים היומיים ובהתגדרות הלאומים והממלכות, בעליותיהם וירידותיהם בנכלי הפוליטיקה, בשגעונות המשתגעים, בערמת הערומים ובישרת לבב הישרים, בחכמת החכמים, בבינת הנבונים, בגבורת הגבורים וברוח החלש של החלשים, בכל, רק יד האורה העליונה, אור חכמת כל עולמים, רוח ד' נשמת חיי העולם היא מופיעה

From the light of the sublime miracle is revealed how all the branches of nature, which are not understood in themselves, are its (the sublime miracle's) branches and the spreading of its light, and all of nature that is revealed in all its functions, in the world and in man, in the individual self and nations' selves, in the worries about daily life and in the distinctions of the nations and kingdoms, in their elevations and descents, in the deceits of politics, in the insanity of the insane, in the shrewdness of the shrewd and the uprightness of heart of the upright, in the wisdom of the wise, in the comprehension of those who are understanding, in the might of the

---

[88] Isaiah 37:16

mighty and the weak spirit of the weak, in all, only the hand of its sublime light, the light of the wisdom of all the worlds, the spirit of God the (higher) soul of the world appears.

והיד נטויה, והזרוע מושלת, למשפטיך עמדו היום, כי הכל עבדיך

The hand is extended and the arm rules – "To [carry out] Your rulings they stand today, for all are Your servants."[89]

וצפית הישועה חודרת היא אז ממעל לשחקים ועד עמקי תחתיות ארץ, עולה היא ממעמקים, וערבות היא רוכבת, ומכרת בסקירה אחת את כל הנפלאות ואת כל המפעלות, את כל האמת ואת כל השקר, את כל הצדק ואת כל הרשע, והנה הכל התיצב ומתיצב הכן לפקודת אור דבר אלהים חיים, והארת העולם באור ישראל, היא נשמת ההיסתוריה האנושית בגלוי, ונשמת כל היקום בחביון עוזו, עד לא עשה ארץ וחוצות וראש עפרות תבל, בהכינו שמים שם אני, בחוקו חוג על פני תהום. באמצו שחקים ממעל בעזוז עינות תהום

Salvation's vision then penetrates from above the heavens to the depths of the earth's floors; it rises from the depths, and it rides the clouds; it recognizes with one scan all the wonders and all the enterprises, all the truth and all the falsehood, all the righteousness and all the evil; and behold all stood firm and stands firm ready for the command of light of the word of the Living Lord, and the illumination of the world with the light of Israel, it is the (higher) soul of revealed human history, and the (higher) soul of all existence in the secrecy of its might, "He had not yet made earth and fields, or the world's first clumps of clay; I was there when He set the heavens into place; when He fixed the horizon upon the deep; when He

---

[89] Psalms 119:91

made the heavens above firm, and the fountains of the deep gushed forth."[90]

ההכרה הזאת ע"י אספקלרית הקודש מתהפכת היא לכח פועל, לכח סוקר, לכח מחיה, וכל המפעלות הסבוכות אשר בקרב כל משפחות העמים מתגלות בתור מערכה סדורית, אמנם מעורפלת ומאופלת, התובעת והרה, והנהרה תבוא ממקום אשר האורה תצא לאור עולם, - מציון מכלל יופי אלהים יופיע

This recognition through the lens of holiness transforms into an active power, an assessing power, a nourishing power, and all the tangled enterprises that are in all the families of the nations are revealed in the role of an organized framework, indeed, clouded and dark, demanding light, and the light will come from the place that the light will go out into the light of the world – "From Zion, perfect in beauty, the Lord appeared."[91]

ורוח אלהים אמת, המתפשט על כל מערכות האדם, הרי הוא מעלה את הטבע מתחתיותו אל מרומי הקודש, ומכשיר את כל הנסיות להופיע ולהגלות, מתמם את חזון העבודה האלהית בכל הסתעפיותיה על הבסוס הריאלי של החיים, עולה ממעל לאספקלריא הבלתי מאירה, ומביט באור הקודש של אור התורה העליונה, תורת משה, "במראה ולא בחידות", המבססת את המוסר ואת הדעת על יסוד החיים והמעשה ועולה עם כולם יחד למרום הנצח והשלום, אל מקום התפארת ואמת העולמים, אל יסוד החכמה העליונה שתחיה את בעליה בכל הדרות חיים מלאים, המנצחים את כל התמותות, אל מקום הגבורה העליונה שכל הנעימות וכל החסדים מסוכים בה

---

[90] Proverbs 8:26-28

[91] Psalms 50:2

And the spirit of the true Lord, which extends over all man's systems, behold, it elevates nature from its lowest points to the heights of holiness, and prepares all miraculousness to emerge and be revealed; it makes whole the vision of divine service in all its branches on the real basis of life; it rises above the non-illuminating lens, and it looks with the light of holiness of the sublime Torah, the Torah of Moses, "in a vision and not in riddles," which grounds morality and knowledge on the foundation of life and action and rises together with all to the height of eternity and harmony to the place of splendor and eternal truth, to the foundation of sublime wisdom that will enliven its possessor with all the majesties of full life, making immortal all the mortalities, to the place of sublime strength in which all pleasantness and all kindnesses are poured.

התנוצצות אורה זו בעקבות משיח היא מופעת ובצרות העולם האחרונות היא מוצצת

The sparkling of this light appears "in the (time called the) heels of the messiah" and in the latest of the world's troubles it appears.

וכבירי כח נתבעים לברר ולהסביר, לאחוז בכל כח חוסן, בכל יפעה, בכל מפעל וכל תכונה, בכל אמצעי וכל יכולת, בכל התעודדות וכל התעוררות רוח, בכל עת כושר ובכל תכונה אפשרית, לתמם את החזון העליון ההולך ומתגלה, זה החזון אשר אלפי דור הם צעדיו, והקיפו הוא אותו הרום והשפל אשר לעולם ולאדם, האחוז בהרום והשפל אשר לסגולת האדם, לסגולת העמים, לאישון האדם, כי לד' עין אדם וכל שבטי ישראל, ורוחב הדעת, מעמק דרך ארץ, התיצבות לפני מלכים, הבעת המבוקש האדיר בכל הבלטתו, שעבוד המחשבה לרום העליון, הבעת הבטחון האלהי בכל עזת קדשו, הבטחה, שהופעת הממלכה העליונה של אמרת ד' לא תחסר את התגלותה ובכל עת שתדרש הנסיות כולה היא מוכנה על צדה, - הם תכסיסיו

And those mighty in strength are called to clarify and explain, to grasp with all strength of fortitude, in all beauty, in every enterprise and every characteristic, with every means and every ability, with all encouragement and all awakening of spirit, in every time of opportunity and with every possible characteristic, to complete the sublime vision that progresses and is revealed; this is the vision whose steps are thousands of generations; its reach is that height and depth that is intertwined with the uniqueness of man, the uniqueness of the nations, the pupil of man's eye, "For all men's eyes will turn to God, like all the tribes of Israel;"[92] and breadth of knowledge, from the depth of decency, steadfastness before kings, expressing the powerful aspiration in all its prominence, subjugation of thought to the sublime height, expression of divine confidence in all the might of its holiness, the certitude that the emergence of the sublime kingdom of God's word will not withhold its revelation and at every time that its miraculousness is demanded it is at the ready – these are its tactics.

וקול אלהים חיים בהגלותו בלבבות הרי הוא עומד אחר כתלנו
להתגלות בעולם ובכל עולמים

And the voice of the Living Lord, in His being revealed in hearts, He stands behind the walls to be revealed in the world and in all the worlds.

שרעפים הללו מביאים אורו של משיח, וחכמת ישראל המנוחלת תנצח
את העולם, תעטר את התורה בעטרות עליונות ותטהר את ערפלי
האמונה הכללית והפרטית מכל סבוכיהם, כאש מטהר וכבורית
מכבסים, אור השלום בישראל יופיע ואור התשובה יאיר בת כל נאות
יעקב. ומגדל עז שם ד' בו ירוץ צדיק ונשגב, ונשגב ד' לבדו ביום ההוא

These thoughts bring the messiah's light, and the inherited wisdom of Israel will make the world eternal; it will crown the Torah with sublime crowns and it will purify the collective and the individual clouds of belief from all its convolutions, like a purifying fire and a launderer's detergent, the light of harmony in Israel will emerge and the light of return will illuminate all of Jacob's homes, and "The name of God is a tower of

---

92 Zechariah 9:1; Mechilta Yitro 84

strength to which the righteous man runs and is safe,"[93] "…none but God will be exalted on that day."[94]

 וקרוב הוא היום, ובידינו לקרבו, רק אם נטה אוזן לשמוע קול שיח קודש ואור תורת אמת וחכמת ישראל העליונה תהיה לנו למורשת פלטה

The day is close and it is in our ability to bring it closer, if only we incline our ear, the voice of holy conversation and the light of the Torah of truth and the sublime wisdom of Israel will be for us an inheritance of refuge.

14

כאחיזת הפשט והסוד זה בזה, יסוד אחדות תורה שבכתב עם תורה שבעל פה, ההסתכלות היותר פנימית עם ההסתכלות החצונית בעולם, בחיים, במציאות, במסבות, בסגנון, באדם ובהויה, כן היא התאחדות הנס והטבע

Like the intertwining of the simple meaning with the secret meaning, (is) the foundation of the unity of the written Torah with the oral Torah, (so is) the innermost outlook with the external outlook on the world, on life, on reality, on causality/circumstance, on style, on man and on existence, so too are miracle and nature united.

בהנהגה וכמו כן באמונה

---

[93] Proverbs 18:10

[94] Isaiah 2:17

(This is so) in action and likewise in belief.

ההתעמקות ההגיונית מאחדת את הנפרדים, מה שהשביל הבינוני מפרידם

Delving deeply unites that which is separate, that which the average path separates.

אורו של משיח, שיסודו רם ונשא וגבה מאד, מואר הוא מהתוכן העליון שהנס והטבע מאוחדים שם וכל העלילות של הטבע מקטן ועד גדול פועלים בעדו ועמו, על ידו ובהשפעתו, כמו העלילות הנסיות

The light of the messiah, whose foundation is very exalted,[95] elevated, and high, is illuminated by the sublime content whereby miracle and nature are united and all the events of nature from small to large act for it and with it, through it and under its influence, like the miraculous events.

המעשים כולם עומדים בצורה עוברית, כל ההויה כולה נשמות אפרוחים או ביצים, ורוח אלהים מרחפת עליהם, ומשיח גנוז הוא בקן צפור, זהו היכלו, והאפרוחים מתפתחים ומתגדלים והביצים מתחממים, והולכים ומתקרבים לצורת הוית החיים והמפעל, ובכללות הכל הכל כלול, הכל פועל, לא יחסרו גם כל הכחות השוללים, שגם הם מצטרפים להוציא כלי למעשהו, כמו הכחות החיוביים

All actions stand in fetal form, all of existence is the (higher) souls of chicks or eggs, and the spirit of the Lord hovers over them, and the

[95] See Isaiah 52:13; Midrash Tanchuma, Toldot 14

messiah is cached in a bird's nest;[96] this is his palace, and the chicks develop and grow and the eggs are incubated, and they progressively approach the form of existential life and enterprise, and in the totality of all, all is included; everything acts, nothing will be lacking even all the negating forces, even they participate to bring forth a utensil for their actions, like the positive forces.

והכחות השוללים, שהם מצטרפים אל הכל לעשות את הצביון של המטרה העליונה, שם בעומק ירידתם אורה חיובית עליונה גנוזה

And the negating forces, which join all to make the character of the sublime goal, there in the depth of their descent positive sublime light is hidden.

תחת העוני הנורא עושר עליון גנוז וחי, קוב"ה וחד מסכנא הם המה יושבים בהיכל קן צפור

Beneath the terrible poverty sublime wealth is hidden away and living; the Holy Blessed One and a poor man[97] dwell in the palace of the bird's nest.

וטהורי לב היודעים רזא דמלא דשטותא, ואיך היא מצטרפת להאיר רזא דחכמתא, כרב המנונא סבא, הם דרים בהאי מגדלא ומסתכלים הם במפלאות תמים דעים באור ישועתו

And the pure of heart who know the secret of a word of silliness, and how it participates in illuminating the secret of wisdom, like Rav Hamnuna

---

[96] Zohar Exodus 7,8; Balak 196

[97] Introduction to the Zohar, Genesis 6a

Saba,[98] they dwell in this tower and gaze upon "the wonders of the Harmonizer of Knowledge"[99] upon the light of His salvation.

וחבלי משיח הפנימיים, הם חבלי משיח עצמו: הירידה למעמקי הסבות של כל מוחין דקטנות הם הם יסורי חנק לרוחא דמלכא משיחא דבגלותא בתראה בסיפיה, המתקן את הצעדים האחרונים, "אשר חרפו אויביך ד' אשר חרפו עקבות משיחך, ברוך ד' לעולם אמן ואמן"; יסורי סקילה היו בכל התקופה של עבודה זרה, וכל הרעות, הירידות והטמטומים, הפרעות הפנימיות והחיצוניות,שהם ענפיה: יסורי שרפה, - החורבנות והגזירות המלכותיות על התורה, שרפות התורה והשמדות הנוראות שהיו מכוונות לעקירת הנשמה והפנימיות, שרפת נשמה וגוף קים; יסורי הרג הם הם כל ההרגות, המיתות המשונות, וכל הרדיפות החיצוניות במעמד הכלכלה, "ואכל קצירך ולחמך יאכלו בניך ובנותיך"; יסורי חנק הם הם היסורים האחרונים של ירידת האור למעמקים לחשוף סבות קטנות וקלות, לנעוץ תקוות במרחקים ומאורעות זמניות בנטיות לב של מושלים, ובמהלכים של השתדליות פוליטיות, לעורר גם קטני רוח, שאין להם כ"א מטרות קרובות מגושמות ומצומצמות, והקטנות מחוללת את החוצפא, וחבל המחנק אחוז על הצואר, מונע את הדבור וסותם את האויר

And the inner pains of the messiah, they are the messiah's own pains:[100] the descent to the depths of the causes of all small-mindedness they are the sufferings of strangulation for the spirit of the king messiah at the end of the last exile, which repairs the last steps, "Your enemies, God, have cursed, cursed Your anointed at every step; blessed is God forever; amen and amen;"[101] the sufferings of stoning were in the whole period of idolatry,

---

[98] Zohar Tazria 47; Tikunei Zohar 500, 21a

[99] Job 37:16 (Usually translated as "the wonders of the Perfect Intelligence.")

[100] Zohar Vayakhel 212; Pesikta Rabati 32; Netzach Yisrael 34

[101] Psalms 89:52-53

and all the evils, the descents and the obstructions, the internal and external rioting, which are its branches: the sufferings of burning – the destructions and the governmental decrees against the Torah, the burnings of the Torah and the horrible persecutions that were intended to uproot the (higher) soul and the inner quality, burning the (higher) soul and retaining the body; the sufferings of the sword are all the murders, the surreal deaths, and all the economic persecutions, "And they shall eat your harvest, and your bread, they shall eat your sons and your daughters…"[102]; the sufferings of strangulation are the last sufferings of the light's descent to the depths to expose small and minor causations, to install hopes in the distances and temporal events, in the inclinations of leaders' hearts, and in the processes of political efforts, to awaken even the small of spirit who have only immediate, narrow, materialistic goals; and smallness arouses brazenness, and a strangulating rope is around the neck, preventing speech and blocking air.

רק רוח ד' אשר על עמו, אור התורה הפנימית יופיע להשיב רוחא דמשיחא, ומתוך האפלה יביא אור גדול

Only the spirit of God that is upon His people, the light of the inner Torah will emerge to return the spirit of the messiah,[103] and from the darkness it will bring great light.

15

יסוד הרשעה, שהיא מתפצלת לעבודה זרה ולמינות, הוא בא לבצר מקום לסיגי החיים, למותרות המציאותיות שבהויה ובאדם, במוסר

---

[102] Jeremiah 5:17

[103] Genesis Rabbah 2; Tosofot on Avodah Zarah 5a

ובחפץ, במפעל ובהנהגה, לתן להם גודל ושלטון בתוך הטוב והקודש;
לא לטהר את הקודש, כ"א לטמאו ולסאבו

The foundation of evil, which is subdivided into idolatry and heresy, comes to secure a place for the scum of life, for reality's excesses that are in existence and humanity, in morality and desire, in enterprise and behavior, to give them greatness and rule within the good and the holy - not to purify the holy, but to defile and pollute it.

אמנם מקומה של עבודה זרה הוא מבחוץ, עומדת היא במקום הזוהמא
והמותרות המגושמות ומאופלות, ומבקשת את בצורם ואת שליטתם
והתגברותם על כל תוכן קודש והתערבותם עמו בכל האפשרות

However, the place of idolatry is on the outside, standing in the place of filth and dark materialistic excesses, and seeking their empowerment, their rule, and their overcoming all holy content and their blending with the holy at every possibility.

גדולה ממנה היא הרשעה הצפונה הארסית של המינות, שהיא
מחפשת לה פינה בעצם הקודש, שממית בידים תתפש והיא בהיכלי
מלך

Greater than idolatry is the hidden venomous evil of heresy, which seeks a corner in the holy itself: 'The spider catches with its hands and it is in a king's halls.'[104]

מתאמצת היא להשאיר את כל זוהמת העולם, את כל הגסות הגופנית,
ואת כל הנטיות הרשעיות האחוזות בגוף הגס, בפנימיות יסודיו

---

[104] Proverbs 30:28

החמריים, ולעלות עמו אל האושר של הקודש, שהוא מיד מתחלל ומסתאב בנגוע בו היד המסואבה

Heresy strives to preserve all the world's filth, all of physicality's baseness, and all the evil inclinations that hold onto the unrefined body at the core of its physical foundations, and to rise with it to the bliss of the holy, which is immediately profaned and polluted by the touch of the polluted hand.

לא שעה ד' אל קין ואל מנחתו מפני הרשעה שהיתה בו אחוזה; אותו הרצח, שיצא אל הפועל אח"כ, היה גנוז וספון בכח גם בעת הבאת הקרבן מפרי האדמה, וקרבן זה תועבה הוא, הוא הוא המגביר את כל כח רע, והחטאת הרובץ על הפתח הוא מתגבר ומתאמץ ע"י ריח הקודש שהוא קולט אל קרבו ומהפכו לתכונתו

God did not turn to Cain and his offering[105] because of the evil that was intertwined with it; that murder that was actualized afterwards was stored away and hidden in potential even at the time of bringing an offering from the fruit of the ground, and this offering is an abomination; it is the very thing that strengthens every power of evil, and the sin that "crouches at the entrance" is strengthened and emboldened by the holy fragrance that it absorbs into its insides transforming it to its character.

כה סובבת והולכת היא הקינות הרשעה, החפצה שתיטב בעיני ד', שד' ישעה אליה ואל מנחתה, ובחובה יודעת היא היטב, כי מאס ד' בה ופניה נופלים וחרה לה מאד וכעסה אגור בתוכה, ובכל עת מצוא הנה יד הרוצח מתגלה, צביון החטאת, שאליה תשוקתו של הדם הקיני, מתראה בכל תועבתו

[105] Genesis 4:5

So does evil Cain-ism spin and progress, desiring to be (seen as) good in God's eyes, that God would turn to it and its offering while in its guilt it knows well that God is disgusted by it and its face is downcast and it is very angry and its wrath is stored within it; and at an opportune time, behold, the hand of the murderer is revealed, the character of the sin, toward which is the longing of Cain blood, appears in all its repulsiveness.

יסוד המינות, שלעגה על דברי חכמים ועשתה שמות בישראל פנימה, אשר אמנם מפני היד הגדולה מלאתי כח ד' אשר בחיי האומה לא הצליחה להרוס את השתות בכל זאת הכינה לה קורים, אשר צלחו להיות לארג של מחסה כזב על פני עמים רבים

The foundation of heresy (Christianity), which scorned the words of the sages and did damage within Israel, yet because of the great hand full of the strength of God that is in the life of the nation it did not succeed in destroying the foundations in any case, it prepared itself webs that succeeded in being woven into a sanctuary of deceit before many nations.

הוחלפה האלילות במינות

Paganism was exchanged for heresy.

לא התוכן הפנימי הוטב, כ"א העמדה

The inner content was not improved, only the stance.

התואר החצוני גוהץ כמעט, אבל המטרה אחת היא, לא לקדש את הרצון, את החיים, את העולם הגס ואת הפנימיות המהותית ע"י כל אותו הסדר המוכן לכך בעצת ד' הגדולה, שיסודה הוקבע בישראל, בגוי קדוש, ומהסתעפיותיה יוכלו עמים רבים לינק, כל אומה לפי תוכנה, לפי מוסרה והכנתה הטבעית, ההיסתורית והגזעית, לפי השכלתה ומצבה

הגיאוגראפי והכלכלי, וכל התכנים החברתיים והאישיים שלה המצטרפים לזה, לא זאת היא מגמתה

The external look was ironed somewhat, but the purpose was the same, not to sanctify the will, life, the unrefined world and the meaningful inner content through the entire system prepared for that (purpose) by God's great plan, whose foundation was established in Israel, in the holy nation, and from whose branches many nations could draw sustenance, each nation according to its content, according to its morality and natural, historical, and ethnic preparation, according to its education and geographic and economic situation, and all the societal elements and personalities that combine for this – this is not its goal.

הקינות עשתה באדם את מעשה המפעל הקרחי בישראל

Cain-ism did in mankind what Korah's enterprise did within Israel.

הקריאה של כל העדה כולם קדושים ובתוכם ד' היתה קריאה לועגת לכל תוכן הקודש ולכל הרוממות וההכנה התוכית, הדרושה להעשות עד שיהיה הקודש מבוסס בחיים באמת, שיהיה מובטח מכל פגם וסאוב, שלא יהפך לרועץ ולצרה היותר גדולה של העולם

The platitude, "All members of the congregation are holy and amongst them is God,"[106] was an expression ridiculing all holy content and all the inner elevation and preparation that is demanded before holiness is truly grounded in life, so that it be assured against defect and defilement, so that it not turn into an obstacle and the world's greatest source of distress.

על כן הוכרח הדבר שירד חיים שאולה, להאבד מתוך הקהל ולהיות לעולם לאות לבני מרי, שלא יהיו עוד כקרח וכעדתו

---

[106] Numbers 16:3

Therefore it was necessary that it (Korah's group of rebels) descend alive into the netherworld, to be lost from within the congregation and to forever be a sign for subversives, that there should not be more like Korah and his assembly.

הקריאה אל כל העמים, השקועים בכל רפש הטומאה, בכל מעמקי הרשע והבערות, בתהומות החשך היותר מחרידות: הנכם כלכם קדושים, כלכם בנים לד', אין הפרש בין עם לעם, אין עם קדוש ונבחר בעולם, כל האדם הוא קדוש בשוה. - זאת היא הקרחות האנושית, שהיא הקינות החדשה שממנה סובל האדם, שממנה נוע תנוע ארץ כשכור והתנודדה כמלונה, וכבד עליה פשעה ונפלה ולא תוסיף קום, עד אשר יפוח היום ויפקוד ד' על צבא המרום במרום ועל מלכי האדמה על האדמה

The call to all the nations that are immersed in the refuse of impurity, in all the depths of evil and ignorance, in the most terrifying depths of darkness, "Behold, you are all holy, you are all children of God, there is no distinction between one nation and another, there is no holy and chosen nation in the world, every person is equally holy," – this is humanity's Korah-ism, which is the new Cain-ism from which mankind suffers, from which "The earth is swaying like a drunkard; it is rocking to and fro like a hut; its iniquity shall weigh it down, and it shall fall, to rise no more"[107] until the day will pass and God will command the heavenly legions in heaven and the kings of the earth on the earth.

הבצור המרומי וההרקעה לשחקים, שהמינות מתימרת בהם, מוכרחים לפול ולהעקר מיסודם

---

[107] Isaiah 24:20

71

The exalted fortification and the outstretching to the heavens, about which heresy (Christianity) boasts, will of necessity fall and be uprooted from their foundation.

העולם צריך שיכיר, כי לא בהגה אחד, באמרת אמונה מתוארה לבדה, די לאדם לעוף לגן עדן, וכל אוצר הרעה, הרצח והתעוב, הספון בכל חדרי רוחו, בדמו ובבשרו, יכול להשאר בעינו, וממילא הלא איננו צריך צרוף ולמוד, רכוז ועליה, לית דעתיר מחזירא, מזונותיו, גם הרוחנים מצויים לו בכל זמן ובכל מקום, ודמיין מיעיה לבני אינשי

The world needs to recognize that one utterance, one declaration of belief, is not sufficient for a person to fly to Paradise, while the whole storehouse of evil, the murder and the abomination that is hidden in the chambers of his spirit, his blood, and his flesh, remains intact, and thus he needs no refinement and learning, focus and elevation: "There is none richer than the pig,"[108] – his food, even the spiritual, is available at every time and place: "Their (pigs') stomachs are like that of humans."[109]

קץ יושם לכל אותו החשך, יכיר האדם וידע, כי כל עמלו צריך שירוכז לטוהר הנפש, האפשרות של הטהר בתכונת העמים טעונה היא מילוי של רכוז, שהוכן כבר מאז ע"י אותה ההכנה הגדולה, שהפליאה יד ד' לעשות ע"י אותה האומה הנפלאה, לבזה נפש, למתעב גוי, לעבד מושלים, מלכים יראו וקמו שרים וישתחוו, למען ד' אשר נאמן קדוש ישראל ויבחרך, הן עד לאומים נתתיו נגיד ומצוה לאומים הן גוי לא תדע תקרא וגוי לא ידעוך אליך ירוצו, למען ד' אלהיך ולקדוש ישראל כי פארך

An end will be put to all that darkness,[110] man will recognize and know, that all his toil must be focused on purifying himself; the possibility of purity in

[108] Shabbat 155b

[109] Taanit 21b

[110] Job 28:3

the character of the nations requires fullness of concentration, which has already been prepared through that great preparation that the hand of God worked wondrously through that wondrous nation, "...to the despised one, to the abhorred nation, to the slave of rulers: kings shall see and stand up; nobles, and they shall prostrate themselves - to the honor of God, who is faithful, to the Holy One of Israel who chose you."[111] "I made him a witness of nations, a leader and commander of nations. So you shall summon a nation you did not know, and a nation that did not know you will come running to you, for the sake of God, your Lord, The Holy One of Israel who has glorified you."[112]

החפץ של העמדת גוי אחד בעולם בתור ממלכת כהנים וגוי קדוש,
שהוא צריך להיות למופת על האור העליון האלהי החודר בחיי העמים,
שרק בהיותו מצוי ועומד, בהיותו חסון וחפשי, בהיותו שב לבנינו
ולאשרו, אחרי כל הופעותיו המרובות בעבר, אחרי כל נסיונותיו הקשים,
אחרי כל צרופיו ולבוניו, בשובו עם כל דעותיו ועם כל קניניו, עם כל
רכוש נשמתו וכשרון חייו, עם כל טהרתו הגופנית, הגזעית והאמונית,
עם כל תוכן ההופעה האלהית, שהוא לו למורשה ושסגולת ארצו
מגדלתו ומרחבתו, אז ע"י אותה הידידות הפנימית שהוא יכול להראות
לאומות העולם תחת כל המשטמה והרדיפות אשר קבל מהם, ע"י כל
הכבוד וההשתוממות אשר כל הגוים כולם יוכלו להראות עליו תחת כל
הבוז והחרפה אשר טפלו עליו, ע"י כל אותה התשוקה של ההתחברות
והרעות עם עם ד' אלה עם נחלת ד', אשר סגולת הקודש בטהרתה
לטהרת החיים ספונה בו, אשר רק ע"י חקוי ארוך ע"י הדרגה של
העמקה דורית יכולה היא לצאת אל הפועל במדה הגונה גם בשאר
העמים בכל האדם אשר על פני האדמה, - אז יבורר לכל, כי סגולת
הקודש אינה סגולה זלה, שיכולה להנטל בכל ידים מסואבות, כי אם
סגולה העולה בעמל נורא במסירת נפש קבועה, וע"י זכות נחלת קודש
של אבות לבנים נושאי עולם באהבה ושומרים דרך ד' בכל עז

---

[111] Isaiah 49:7

[112] Isaiah 55:4-5

The desire to emplace one nation of the world in the role of a kingdom of priests and a holy nation that needs to be evidence of the sublime divine light penetrating the life of the nations – only in its being accessible and standing, in its being strong and free, in its return to its building and happiness, after all its many appearances in the past, after all its difficult trials, after all its refinements and purifications, in its return with all its ideas and all its acquisitions, with all the property of its (higher) soul and the ability of its life, with all its bodily, ethnic, and faith purity, with all the content of the emergence of the divine, which is for it an inheritance, and the unique quality of its Land grows and expands it – then through that inner friendship that it can show to the nations of the world in place of the hatred and persecutions that it (Israel) received from them, through all the esteem and astonishment that the nations can show it in place of all the scorn and disgrace they attached to Israel, through all that longing for connection and fellowship with the nation of God, with the inheritance of God, in which in its purity is hidden the holy unique treasure for the purification of life, which only through a long enactment of gradual inter-generational deepening can it take effect in a proper measure in the rest of the nations and in every person on the face of the earth – then it will become clear to all that the holy treasure is not a trinket that can be taken by any corrupt hands, rather it is a treasure that costs awesome toil with consistent self-sacrifice, and the merit of the inheritance of fathers to sons who bear their burden with love guarding the way of God with every energy.

אז יוסרו פני הלוט מעל כל העמים והמסכה הנסוכה על הגוים, ואותה הותרנות של המינות תוכר כמו שהיא בתור מטבע פסולה, המסמאה את העינים ומטמאה את הנפשות, מרבה רצח ודם וכל תועבה. ד' עוזי ומעוזי ומנוסי ביום צרה, אליך גוים יבואו מאפסי ארץ, ויאמרו: אך שקר נחלו אבותינו הבל ואין בם מועיל, ונשגב ד' לבדו ביום ההוא, והאלילים כליל יחלוף, לא ירעו ולא ישחיתו בכל הר קדשי כי מלאה הארץ דעה את ד' כמים לים מכסים

Then the veil will be removed from all the nations and the molten mask from upon them, and that leniency of heresy will be recognized for what it is, counterfeit currency that blinds the eyes and pollutes the (lower) souls, increasing murder, bloodshed, and every abomination. "God, my strength and my stronghold, my refuge in a day of trouble, to You nations shall come from the ends of the earth and say: 'Our fathers inherited utter delusions; things that are futile and worthless.'"[113] "...God alone will be exalted on that day."[114] "They shall not do evil nor destroy in all My holy mountain; for the earth shall be full of the knowledge of God, as the waters cover the sea."[115]

16

הישרת העקמומיות בתכונות, בדעות, בהשקפת החיים, עד לעליות הקודש המעולות, זקוקה היא לחדור בשרשים התחתיים, ועמם לעלות לספירות הגבוהות, כשההתפצליות שולטות לעצמן הן מעכירות ומחלחלות, מזהמות ומגשמות הגשמה גסה ומזוהמה את כל אויר החיים, וכשהן נאחזות ומתבטלות בתכנים שממעל להן ועולות בעליתם הרי הן המוסיפות אור וחיים, טוהר וקודש, אומץ ותפארת בכל

The straightening of crookedness in characteristics, in ideas, in outlook on life, toward excellent elevations of holiness, must penetrate the lower roots and rise with them to the higher spheres; when divisions rule for themselves they taint and pervade, pollute and promote crude and polluted physicality in all the air of life; and when they are restrained and they yield to qualities that are above them and they rise with their ascent, behold, they increase light and life, purity and holiness, strength and splendor in all.

---

[113] Jeremiah 16:19

[114] Isaiah 2:11

[115] Isaiah 11:9

יסוד נצחי הוא ואהבת את ד' אלהיך בכל לבבך - בשני יצריך: ביצר הטוב
וביצר הרע

This is an eternal foundation: "'You will love God, your Lord, with all your heart…'[116] — with both your inclinations: with the inclination for good and the inclination for evil."[117]

האהבה אינה שלמה ואינה נובעת יפה ממקור האחדות המטוהרה כ"א
כשכוללים את היצרים ביחד, והיצר הרע מתאגד עם היצר הטוב, וכל
כחותיו הרעים הנם נאחזים בשורש הטוב ומתהפכים לטובה, לצחצח,
להחיות להבהיר ולזקק יותר את להט הטוב

Love is not complete and does not flow well from the purifying source of unity except when both inclinations are incorporated together, and the inclination for evil is joined together with the inclination for good, and all its evil powers are seized in the root of good and are transformed to good, to polish, to enliven, to brighten, and to further refine the glow of goodness.

דבר זה נוהג בדעות, בתכונות ובעצמיות החיים; בהבנת העולם,
בהשכלת האמונה, בחנוך הכללי והפרטי, בשאיפוח העדינות של
החיים, של האנושיות, של הלאומיות ושל השלמת האדם באור תקות
האושר המעולה, ולזה דרושים כל כחות הטוהר האדיר של גבורת
החכמה העליונה, ומטרתו של סוד ד' אשר ליראיו ההולך ומתנוצץ
בלבבות, המכבש לו את דרכיו ע"י כל האמצעים הרבים והשונים,
החוצב לו גולות עליות וגולות תחתיות, הבא דרך פתחים חרכים
וחלונות, גם דרך פרצים והריסות, והכל אל מקומו שואף זורח הוא

116 Deuteronomy 6:5

117 Brachot 9:5

This matter operates in ideas, in character traits, and in the essence of life, in understanding the world, in the reflection of belief, in collective and individual education, in the aspiration toward refinement of life, of humanity, of nationalism, and of the wholeness of humanity in the light of the hope for exalted happiness; and for this are demanded all the pure and mighty energies of sublime wisdom's strength, and the goal of "the secret of God (is with) those who are in awe of Him"[118] that progresses and sparkles in (people's) hearts that paves its ways through all the many and various means, which carves out upper and lower springs, which comes through the openings, cracks, and windows, even through breaches and ruins, and everything aspires shining toward its place.

17

כל התרבות הזמנית בנויה היא על יסוד כח המדמה

All of the current culture is built on the foundation of the power of the imagination.

זוהי מורשת גורלם האלילי של עמי התרבות האחוזים בכח המדמה, שממנו באה התפתחות היופי הגופני בפועל ובציור מעשי

This is the inheritance of the pagan fate of the nations gripped by the power of imagination, from which comes the development of material beauty in practice and in practical visualization.

הולך ומשתכלל כח המדמה, ועמו משתכללים המדעים המעשיים והנסיוניים, ועל פי עליתו של כח המדמה ותפיסתו את החיים מסתלק האור השכלי, מפני שחושב העולם כולו שכל האושר תלוי בפתוחו של כח המדמה

---

118 Psalms 25:14

The imagination is continually being enhanced, and with it the practical and empirical sciences are enhanced, and according to the rise of the imagination and its hold on life the light of the intellect departs, because the whole world thinks that all happiness is dependent on the development of the imagination.

וכה הולכים הענינים בהדרגה, עד ששרידי השכל שברוח החכמה החולונית גם הם הולכים ונעתקים אל כח המדמה

And so matters progress gradually, until the remnants of the intellect that are in secular wisdom move and are transferred to the power of imagination.

המליצים והמספרים, הדרמתוריים וכל העוסקים באמניות היפות נוטלים מקום בראש התרבות, והפילוסופיה פוסחת וצולעת ואין לה מעמד מפני שהשכל הנקי הולך ומסתלק

The advocates and speakers, the dramatists and all those working in the arts take their place at the head of society, and philosophy skips and limps and has no status because the pure intellect continually recedes.

כפי סלוקו של השכל ורוח החכמה כן חוצפא יסגי וחכמת סופרים תסרח, יראי חטא ימאסו והאמת תהא נעדרת ופני הדור כפני הכלב, אותה העדינות הפנימית, הבאה מרוח החכמה, הולכת ונמוגה, השאיפה לרוחניות ואצילות, לדבקות אלהית, לעולם העליון, לזוך המוסר, ברום טהרתו, לציורי המושכלות מצד עצמם ונצחיותם, נעשית חזון יקר, וכפי אותה המדה, הנוהגת בעולם בכללו, נוהג הדבר בישראל כלפי רוח הקודש ואהבת התורה ברוח פנימי ורעננות עצמית של היהדות הנאמנה, ובעולם שולט רוח מגושם. אי לך ארץ שמלכך נער ושריך בבקר יאכלו

According to the departure of the intellect and the spirit of wisdom, so does brazenness increase and the sage's wisdom will rot, those who fear sin are scorned and the truth is missing and the face of the generation is like the face of a dog;[119] that inner refinement that comes from the spirit of wisdom dissolves; the aspiration for spirituality and nobility, for divine attachment, for the ultimate world, for purity of morality, at the height of its purity, for sketches of divine intellects in themselves and in their eternal quality, becomes a precious vision; and according to that measure, which is practiced in the entire world, the matter is practiced in Israel, with an inner spirit and essential freshness of faithful Judaism toward the spirit of holiness and love of the Torah - and in the world a material spirit rules. "Woe to you, land, when your king is a youth, and your princes feast in the morning!"[120]

אמנם כל זה הוא יסוד עצה מרחוק, עצת ד' היא להשלים את כח המדמה, מפני שהוא בסיס בריא לרוח העליון שיופיע עליו, ומתוך העליונות של התפיסה הרוחנית שקדמה בישראל הוכרח כח המדמה להתמוגג, מה שגרם חלישות לאחיזת רוח הקדש העליון, שעתיד לבא ע"י מלכא משיחא

Indeed, all this is a foundation of a distant plan; God's plan is to make whole the power of imagination, because it is a healthy basis for the sublime spirit to emerge upon; and by virtue of the loftiness of the spiritual grasp that came early in Israel, the power of imagination was forced to melt away, which caused weakness in the grasp of the sublime holy inspiration (*ruach hakodesh*), which in the future will come through the king messiah.

על כן מתבסס כעת רוח המדמה עד שיגמר בכל תיאורו, ואז יהיה כסא נכון ושלם לרוח ד' העליון ויוכשר לקבל אור רוח הקודש עליו, שהוא רוח ד' רוח חכמה ובינה, רוח עצה וגבורה רוח דעת ויראת ד

---

[119] Sotah 49

[120] Ecclesiastes 10:16

Therefore, now the power of imagination is being established until it is complete in all its aspects. And then it will be a solid and whole foundation for the sublime spirit of God and it will be prepared to receive the light of the spirit of holiness upon it, which is the spirit of God, "...a spirit of wisdom and understanding, a spirit of counsel and might, a spirit of knowledge and awe of God."[121]

18

כח המדמה זה הוכרח להיות נדחה ונלקה קצת על ידי שפעת רוח הדעת העליון של רוח הקודש הנשגב שבמקור ישראל, שהוכרח להקדים ולבא לעולם מפני שלא יוכל העולם להתקים עד אלף דור בלא אור תורה, שהיא אוצר כל הדעת

This power of imagination was of necessity pushed away and beaten somewhat by the flow of the spirit of the sublime knowledge of the exalted divine inspiration (*ruach hakodesh*) that is at Israel's source, which had to come early to the world because the world could not endure until the thousandth generation without the light of the Torah, which is the storehouse of all knowledge.

מכל מקום יסודו היסודי נשאר בישראל, והקורטוב הפנימי שלו הוא באמת יסוד כל היופי, ומתגלה על ידי חזיון הנבואה, שאור הקודש מתלבש בתוכו, וביד הנביאים אדמה; ובכל זאת מונח גם בנבואה יסוד הצמצום של האספקלריא שאינה מצוחצחת, ומפני זה קרובים אומות העולם לקלוט קצת מן הארת הנבואה ורחוקות הן מן אור התורה

In any case, its fruitful foundation remains in Israel; it's inner essence is in truth the foundation of all beauty, and it is revealed by the vision of prophecy, in which the light of holiness clothes itself, "... and through the

---

121 Isaiah 11:2

80

prophets I appeared by means of the imagination;"[122] and still even in prophecy lay the foundation of the restriction of the unpolished mirror, and because of this, the nations of the world are close to absorbing a little of the light of prophecy (i.e. the books of the prophets) and they are distant from the light of the Torah.

אבל ליסוד בסוסה הגשמי של האומה, ההתקשרות הארצית עם ארץ ישראל והתרתקות האומה אל עצמותה וצמצום כחה שלא יתפזר, כל זמן שאין העולם ראוי לאגד הכל בשכל העליון, מוכרחת היא חכמה תתאה למלא את המקום, אשר המדמה הוא מלבישה הרבה והיא מבצרת מדת הדין בעולם, על ידי ההתקשרות אל הקנינים הזמניים בחיי כל יחיד וההתענינות העמוקה של הכלל לחיי הרכוש והמשטר הממשלתי מצד עצמם

However, for the basic physical foundation of the nation, the earthly connection with the Land of Israel and the joining of the nation to its essence and restricting its strength so that it should not be dispersed, as long as the world is not fit to unite all with the sublime intellect, the lower wisdom is forced to occupy that role, which the imagination very much garbs and it fortifies the attribute of judgment in the world through connection with temporal acquisitions in the life of every individual and the collective's deep interest in the life of property and the government in and of themselves.

כשלא הגיע עדיין הזמן של כל הטהר להופיע אל המרומים המגמתיים, נשלחו מאת יהושע שנים אנשים מרגלים חרש לרגל את הארץ ובאו לבית אשה זונה ושמה רחב

_____

122 Hosea 12:11

When the time had still not arrived for all the purity to emerge in the purposeful heights, two spies were sent by Joshua[123] to survey the Land and they came to the house of a prostitute whose name was Rahav.[124]

והכל נקשר בקדש ובטוב העליון, אבל מדת הדין מתעוררת ויראת העונש האמתית נצרכת לפי ערך השלטת כח המדמה והתעמקותו

And all is tied to the holy and the sublime goodness, but the characteristic of judgment is awakened and true fear of punishment is needed according to the degree of control exerted by the imagination and its depth (of establishment).

אבל בעצמיות החפץ האומתי לא נשלם אז עדיין הפרצוף הדמיוני, לאחיזת הדעת בהגלמתו מצד אחד והיופי בכל תיאוריו מצד השני, וזה הושלם בימי שלמה: "אז תבאנה שתים נשים זונות" לפני משפט מלך ישראל היושב על כסא ד

But in the essence of the nationalistic desire the face of imagination was then still not whole, regarding its hold on knowledge in its developing stage on one hand and beauty in all its forms on the other hand, and this was made whole in the days of Solomon: "Then two prostitutes came..."[125] before the judgment of the king of Israel who sits on God's throne.

אמנם על ידי ההתערבות של הנשים הנכריות, עם חולשת הכח לעכל דברים זרים, יצאה הרשעה שגרמה ליסוד כרך גדול של רומי, וסינוני היסודות הוצרכו להאריך עדן ועדנים, עד שנתגרש כח המדמה משליטה

---

[123] Joshua 2. See Eitz Haim Shaar HaKlipot 2:4

[124] This name means "broad," as in "wide" or "expansive." See Isaiah 60:5 (in Hebrew) regarding the word "broad" and its connotation here.

[125] 1 Kings 3:16; See Eitz Haim Shaar HaKlipot 4 and Shaar HaKlipot Nogah 9, Sefer HaLikutim Joshua

רחבה בגבול ישראל, ויצרא דעבודה זרה נעצר "בדודא דאברא" "ונכיס יצרא", ולעומת זה אין עוד נביא אתנו ולהבת אהבת האומה והארץ איננה מורגשת באותו הטעם העמוק של ימי הטובה

However, through the involvement of foreign women[126] (combined) with weakness in the ability to digest foreign matters, (the result was) the evil that caused the founding of the great city of Rome,[127] and the siftings of fundamental elements were required to be elongated for ages and ages,[128] until the power of the imagination was driven from (its) broad control in Israel, and the temptation to worship idolatry was arrested in a lead pot[129] and slaughtered;[130] in parallel, there is "no longer a prophet"[131] with us and the flame of love for the nation and the Land is not felt with that same deep taste like in the days of goodness.

והדברים מקושרים עם צער העולם כולו, עד שבאחרית הימים עקבות כח המדמה מתגלים ואהבת הארץ מתעוררת

These matters are connected with the entire world's pain, until when in the end of days the tracks of the power of imagination are revealed and love for the Land is awakened.

מתראה הדבר בשמריו, אבל עומד הוא להזדכך. הקטן יהיה לאלף והצעיר לגוי עצום, אני ד' בעתה אחישנה

---

[126] 1 Kings 11:1,8

[127] Shabbat 56b, Sanhedrin 21b

[128] See Daniel 7:25

[129] Yoma 69b, Sanhedrin 64a

[130] Avodah Zara 17

[131] Psalms 74:9

The matter is seen in its sediments, but it is in position to be purified. “The smallest shall become a thousand; the least, a mighty nation. I, God, will speed it in due time.”[132]

19

נכבד הוא הרצון הטוב הפונה לאלהים בעמק שאיפתו, אבל מה יעשה הרצון לבדו בחיים

Respected is the good will that with the depth of its aspiration turns toward the Lord, but what does the will alone do in life?

על כן כל זמן שאינו מתנשא עד רוממות אור הדעה, להקשיב לחכמה עליונה, אינו יכול לפלס נתיבות החיים; רק לבנה עזובה ישבור לו, שלא תוכל להצטרף לבנין גדול

Therefore, as long as it is not elevated to the height of the light of knowledge, to listen to sublime wisdom, it cannot pave the paths of life; it will only acquire for itself a discarded brick, which cannot be joined to a great building.

אם הרצון, המשולל מאור עליון יותר ממנו, מתגבר להרחיב צעדיו בצורה מתרחבת, עד שלא ישאיר מקום לאותה הדאגה המדיקת כל פעולה וכל נתוח של מחשבה והנהגה בארחות החיים, אז יונק הוא זה הרצון עצמו, עם כל נטיתו שבלעה ניצוצים טובים, מצנור בלתי טהור שזוהמת הנחש יכולה להקלט בתוכו

If the will, devoid of light more sublime than it, finds the strength to expand its steps in a broad way, such that it does not leave room for that

---

132 Isaiah 60:22

concern that is precise about every action and every analysis of thought and behavior in the paths of life, then this will itself, with all its inclination (it got) from ingesting sparks of goodness, is nursing from a channel that is not pure and into which the pollution of the snake can be absorbed.

ביחוד כל זמן שלא עלה הרצון הנטיתי ולא דבק בארח החיים, שמשם חקי החיים נחצבים, עלול הוא לכל שינויים

In particular, as long as the predisposed will has not risen and attached itself to the path of life from which the laws of life are hewn, it is liable to all (types of) changes.

מעמק טוב יכול הוא להיות נדח לעמק רע

From the depth of good it can be pushed to the depth of evil.

כנסת ישראל אשת חיל היא, נהמנה היא מעמק רצונה לאותה האורה האלהית, שממנה חקי החיים כולם נחצבים, ובדרך תורה תומכת היא אשוריה, מחזקת היא את עמדתה בידיעתה העליונה כי דבר ד' ברית עולמים לו ולא תטה אזן לכל חולם חלום, לכל מסית ומדיח, גם אם יתלבש בלבושים של תגבורת המית רצון לטוב ולדבקות אלהית, אם רק יגע בדרך ד' המסורה, אם יפגום באור תורת חיים; וכה הולכת היא בדרך נצחונה הפנימי

The Congregation of Israel is a "woman of valor;"[133] she is faithful from the depth of her will to that divine light, from which all the laws of life are hewn; and with the ways of Torah she supports her steps, she strengthens her position with her sublime knowledge that the word of God is an eternal covenant and she will not incline her ear to any dreamer of a dream, to any

---

[133] Proverbs 12:4, 31:10

enticer or inciter,[134] even if he will dress in garbs reinforcing the arousal of good will and attachment to the divine, if he will just touch the traditional way of God, if he will disrupt the light of the Torah of Life; and so she goes in the way of her inner victory.

אמנם חלק העמים לא יוכל להיות יותר מרומם מהמית רצון בנטיה אלהית, אבל כמה מסתבכת היא הנטיה הזאת שם וכמה משתנה היא בערכיה, כמה פלגים עכורים של שטפי אליליות נשפכים בה וכמה חלש כחה של נטיה חלשה זו, הנשענת על נטית לבב אנוש אנוש, למלא את התפקיד העולמי הגדול של שפיטת עמים מישור

Indeed, the portion of the nations cannot be more exalted than the arousal of (good) will with divine inclination, but how convoluted is this inclination there, and how varied is it in its values, how many muddy streams of idolatrous currents are spilled in it, and how weak is the ability of this weak inclination that relies on the inclination of the mortal heart to fulfill the great worldwide function of judging nations with upright justice.

אמנם יצורפו לאומים ויזוקקו בכור עוני ובהמון מלחמות וצרות, יכותתו גוי בגוי וממלכה בממלכה, והנטיה הקטנה של עלית הרצון אל העריגה האלהית, הסתמית, הכלולה בנשמת האדם, תזדקק מסיגיה, והעינים יוארו לחזות מהו מקור ישראל, וכנסת ישראל תשא דעה למרחוק, תראה לדעת כי בשמרה את ערכה העליון, מבלי להשפל מטה, הביאה טובה ואורה לעולם, כי בעצרה את הזרם העכור והנשפל, שלא יתפשט יותר מדאי, סגרה בעד אותה הזוהמא והריקניות של האליליות והרשעה המדותית וכל עיוותי החיים, שלא יחדרו עמוק בנפש האדם הכללי עד לאין מרפא

Indeed, nations will be refined and purified in the smelting pot of poverty and in a multitude of wars and troubles; one nation will be crushed by

---

[134] Sanhedrin 107b

another nation and one government by another, and the small inclination for elevating the will toward vague divine longing, which is included in the (higher) human soul, will be purified of its impurities, and the eyes will be illuminated to see what is the source of Israel, and the Congregation of Israel will uplift its knowledge toward the distance, she will see and know that in her guarding her sublime value, without being lowered, she brought goodness and light to the world, that by arresting the muddy and debased current so it would not spread too much, she closed off that pollution and emptiness of idolatry and evilness of character and all the perversions of life, so that they would not penetrate deeply into the collective identity of man to the point where healing would be impossible.

אז יכירו וידעו כל יושבי תבל, כי רוח ד' מרחף על עמו, וכי לעדי עד תביא יונת אלם זו את האורה לכל העולם כולו, וערכה העליון יעמד תמיד לנס עולמים

Then all the inhabitants of the earth will recognize and know that the spirit of God hovers over His people, and that forever will this silent dove[135] bring the light to the entire world, and her sublime value will stand constantly as an eternal banner.

אז תברר לה האמונה את ערכה וחקות החיים יפלסו את דרכיהם על מלא רחב הארץ, יבררו הדעות והטוב האלהי הפנימי המקורי, עם כל ענפיו העליונים ועם עמקי שרשיו, יהיה לברכה לכל האדם, והמבוקש של אור תורה ונר מצוה, אשר שמר את הצביון הישראלי בתומו, ייקר בעולם מזהב ומפנינים

Then belief will clarify its value and the laws of life will pave their way upon the full expanse of the earth; ideas will be clarified, and the divine, inner, origin-connected goodness, with all its lofty branches and with the depths of its roots, will be a blessing for all of humanity, and the sought after, the light of Torah and the candle of commandment, which guarded

---

135 See Psalms 56:1 with the Targum….

the Israelite character in its wholesomeness, will become more precious in
the world than gold and pearls.

מושגי החיים יתחורו וכל העולם יחפש את נתיבות השלום העליון לא
רק על ידי עריגה עורת כי אם על ידי הארה מלאה, שבקרבה אור תורה
זורח, ומשפטי ד' ומשפטי האדם יאוגדו לאגודה אחת, אשר יאירו זה בזה
מלא זהרם, והיה ד' למלך על כל הארץ ביום ההוא יהיה ד' אחד ושמו
אחד

The concepts of life will become clear and the entire world will seek the
paths of sublime peace not merely through blind longing, but through full
enlightenment, within which the light of Torah shines, and the laws of God
and the laws of man will be united together in one union, shining on one
another their full brilliance, "And God will be King over all the earth, on
that day God will be one and His name will be one."[136]

20

כל נתיקה שבמערכי הלב מהקוים העליונים הארוכים, במרחקי
אידיאליהם העליונים, כשהיא באה בין ביחיד ובין בצבור הרי היא
מערערת את יסוד האושר והטוב כולו

Every disconnect in the frameworks of the heart from the long sublime
lines,[137] in the distances of the sublime ideals, when it comes, whether in an
individual or in a community, behold, it destabilizes the foundation of all
happiness and goodness.

---

[136] Zechariah 14:9

[137] The Hebrew word for "line" is from the same Hebrew root word as the
Hebrew word for "hope."

גם בצורה כהה וזעירה, כשחל בה רוח העליון, המאוגד לאידיאליות המאושרה באושר בלא גבול, הרי יש בה מעין חיים ההולך ומתגבר, מחיה דורות, מאשר תקופות, ומישר דרך לעמים רבים, מדריך עולמים לחיי עולמי עד ומפנה להם את המכשולות שבארחות חייהם הקטנים והזמניים

Even in a dim and small way, when a sublime spirit, which is bound to the happy idealism with an unlimited happiness, takes effect, behold, it contains a spring of life that continually grows stronger, nourishing generations, gladdening ages, and straightening the way for many nations, leading worlds to eternal life and clearing for them the stumbling blocks in the pathways of their small and temporal lives.

אורו של משיח, האושר העליון בחיי החברה והכלל, בצרופו העמוק אל האושר הפרטי, מחובר הוא עם האושר וההצלה המוחלטה של כל היש בתחית המתים

The light of the messiah, the highest happiness in the life of the community and the collective, in its deep attachment with individual happiness, is connected with the happiness and absolute salvation of all existence through the revival of the dead.

לגודל העתיד הזה מוכרחת כל עין לצפות, הצפיה האידיאלית היא מגונת את הגונים העליונים החיים, היא מקבעת את חותם ההויה בגורל מאורותיה

Every eye must anticipate the greatness of this future; the idealistic anticipation creates variety in the sublime living colors; it establishes the stamp of existence with the fate of its luminaries.

נתיקה כל דהי מראשית הרום, מאחרית העדן המעולה, נפילה היא
לעמקי שחת, ושעירים קמים ומשחקים במקום זמירות שרי קודש ונעם
שיח סוד המוני מעלה

The slightest disconnect from the beginning of the exaltedness, from the
end (that is) the ultimate delight, is a fall to the depths of destruction, and
demons arise and revel instead of holy angels' songs and the pleasant
mystic conversation of a multitude of higher beings.

האמונה העליונה היא בעצמה המנהגת את החיים אל המרומים
שהיא שרויה שמה

Sublime belief itself directs life toward the heights in which it is steeped.

היא בעצמה, בחטיבותה העליונה, בצורתה המשוכללת באמונת
ישראל, נותנת את האומץ ומפתחת את החוב העמוק לאשר את החיים
כולם וכל הפרטים שבהם, מעומק ראשית עד עמק אחרית, לאותה
השאיפה המאושרה, הבלתי פוסקת מלפעום בלבבות הקדושים
מאושרי אלהים חיים, ומהם הולכת היא הזליפה השירית ומתגברת על
החיים כולם, וכל עדינות שבלב כל איש וכל בריה - מאושר העדן היא
לוקחת את רכושה

(Sublime belief) itself with its sublime distinction, through its enhanced
form in Israel's belief, provides the courage and develops the deep
obligation to assure all of life and all life's details, from the depth of the
beginning to the depth of the end, toward that happy aspiration, which
does not stop beating in the holy hearts made happy by the Living Lord,
from whom goes forth the musical outpouring that overcomes all life, and
all refinement of heart that is in every man and every creature - from the
happiness of this delight it acquires its assets.

כשמתגלמת שאיפה, כשמתקרבת אל המציאות, והמציאות מציאות
קרובה היא ובאפלה היא שרויה, צריכה היא תמיד הגנה שלא תאבד
את ברק עומק חייה, אורו של משיח באמונה נעוץ, והאמונה באור קדוש
ישראל בחיים וחובותיהם היא מבוססת: האמונה לא בסגולה פורחת
באויר לבד היא מביאה אל מרומות מציאיותיה את כל חוסי בה, כי אם
בהתוית הדרך לכל מערכי הלב, לכל משאות הנפש, לכל מפעלי כפים,
על פי עזה וחסנה המרום וקדוש

When an aspiration is materializing, when it approaches reality, and the
reality is close at hand and steeped in darkness, it needs constant protection
so that it does not lose the blaze of its depth of life; the light of the
messiah is embedded in belief, and belief is based on the light of Israel's
holiness in life and her obligations: belief does not fly in the air with a
charm alone bringing all who take refuge in it to the heights of its reality,
but rather by plotting the way for all the systems of the heart, for all the
desires of the self, for all work of the hands, according to its exalted and
holy might and fortitude.

לפעמים נופלים רבים מההתבססות המציאותית ונשארים תלוים
ברפיון רק בציור האמונה

Sometimes many fall from the realistic grounding and remain hanging on
weakly by just a picture of belief.

מדה זו היא של אומות העולם, שבאו רק להסתכל באיזה ציור אידיאלי
ולא בוגרו עד לכדי הגשמתו בפועל, וממילא נדע שגם ההסתכלות
לקויה ורפויה היא

This quality belongs to the nations of the world, who came only to gaze at
some ideal vision and did not mature to the point of practical
implementation, and as a result we know also that the gaze was defective
and weak.

ההסתכלות הבהירה שולטת על הכל, על כל סדרי החיים והחברה ועל כל האישיות היחידה, על כל מזג ותקופה, על כל חפץ ושאיפה

The clear seeing rules over all, over all systems of life and society and over every individual personality, over every disposition and time period, over every desire and aspiration.

אבל תלויי הרפיון, אשר ממקור ישראל יצאו ובאחדות האומה הם כלולים, יש בהם ברק אור קודש, ניצוץ שיוכל לעלות ולבא, לידי לבת אש קודש: אור הצדק, האמת, החסד והמשפט בחיים החברתיים, - אורו של משיח בגודל תעצומו מלבבם

But those hanging weakly, who went out from the source of Israel and are (still) included in the unity of the nation, they have in them a flash of holiness, a spark that can rise and become a holy flame: the light of righteousness, truth, kindness and justice in the life of society – the light of the messiah in its great strength ignites them.

עיני-החול של האדם כהות הנה, בשום אספקלריא חקרנית אי אפשר להגיע לרום רז חבוי דנא

The secular eyes of man are dim; it is impossible to reach the height of this hidden mystery with any investigative lens.

אבל גם צל צלה של אורה צחצחה זו אורי אורים יש בו, והאורה האוירית משוטטת היא, נעה ונדה, מסוכנת היא שלא תפול ממדרגתה שלא תטמע בין בשר חמורים ונפשות אשר עמק חפצם הוא דם ורצח ולעיטה של נזיד עדשים

However, even the shadow of the shadow of this bright light contains many lights; and the airy light meanders, moving and wandering, in danger of falling from its level becoming mingled with the flesh of donkeys[138] and personalities whose depth of desire is for blood and murder and guzzling lentil stew.[139]

אבל אורו של משיח אחוז הוא בישועת ישראל, באיתניותו של גוי איתן זה, חטיבה אחת בעולם, אשר בורא כל עולמים משתבח ביקרם מי כעמך ישראל גוי אחד בארץ

But the light of the messiah holds on to the salvation of Israel, with the strength of this strong nation, a singular regiment in the world,[140] in whose preciousness the Creator of all the worlds takes pride, "who is like Your nation Israel, a singular nation in the Land...."[141]

אור עליון זה, שהוא כתגא על רישא דספר תורה, שלא נתן מרוב עוזו ופארו לשמוש ומפעל ידים, באחרית הימים ימצא לו שבילים ודרכים רחבים, נתיבות חדשות לבא אל תפקידו המפעלי, והגדל יתעלה על כל קטן, וכל המכשירים בו כלולים

This sublime light, which is like a crown on the head of a Torah scroll[142], which because of its great might and splendor is not available for practical

---

[138] Ezekiel 23:20

[139] See Genesis 25:34

[140] Brachot 6a

[141] 1 Chronicles 17:21 and 2 Samuel 7:23. The standard translation is, "...on the earth...." Possibly, Rav Kook intends with this quote to say that Israel can be singular, that is, unique and unified only when it is in the Land of Israel.

[142] Zohar, Trumah 158....

use and enterprise, in the end of days it will find paths and wide roads, new pathways to come to its enterprising role, and greatness will be elevated above all smallness, and all the preparations will be included in it.

קמה באחרית הימים תנועה חרישית מלאה אונים וחפצים, מלאה נגודים וסתירות, מלאה אורות ומחשכים, וחושבת לחתור אל החוף לישועת ישראל

A mute movement full of powers and desires has arisen in recent days, full of oppositions and contradictions, full of lights and darkness, and it plans to reach the shore for Israel's salvation.

אורו של משיח הכהה בה

The light of the messiah is dim in it.

רבים ממחזיקיה של אבוקת אודים קטנה זו בגדו לכאורה באותה האורה הגדולה, האחוזה בקו הארוך אשר לאור עולם, נמוטו הפעמים ממעמד הנבואה הצופיה צפית עולמים

Many of those who hold up this small torch have seemingly betrayed that great light that is intertwined with the long line that belongs to the eternal light; the steps have collapsed from the stance of prophecy that anticipates an eternal expectation.

אבל ישועתם של ישראל תמיד היא ישועת ד', "אני והו הושיעה נא", וכאשר "פדית ממצרים גוי ואלהיו" כן היא כל ישועה, גדולה שבגדולות וקטנה שבקטנות

However, Israel's salvation is always God's salvation: "I and He — save please!"[143] And as "You saved for Yourself a nation and its lords,"[144] so too is every salvation, the greatest of the great and the smallest of the small.

העולם רועש, ההרים מתקלקלים, ארץ כשכור תנוע, עמים עפים בדי ריק, ישראל עומד בתוך

The world roars, the mountains are breaking down, the earth totters like a drunk, nations are weary of much emptiness, Israel stands at the center.

בתוך סערת הגלים חותר הוא אל חופו, ושרי קדש באים ויבואו ואת הדגל העליון יחזיקו, למרחוק שעות דעה, והשלום בא יבא מכל עברים, ממזרח וממערב, מצפון ומים, ובתוך החלקה המעשית העלובה, החרבה מכל לשד עליון, יפתחו נהרות רחבי ידים לאורו של משיח, לתקון עולם מלא ברעיונות נצחיים מובטחים מראש אמנה הבטחה אלהית כתובה בברזל ודם, בברית בשר וברית לשון, בברית ארץ וברית עם, בברית עולם וברית חיי עולמים

In the tsunami, (Israel) rows toward her shore, and officers of holiness are coming and will come and they will uphold the sublime flag, toward distant abundance of knowledge, and peace will surely come from all sides, from east and west, from north and south, and from its lowly practical portion, desolated of sublime essence, wide rivers will be opened to the light of the messiah, for repair of the world full of eternal ideas guaranteed from the beginning (by) a divine pact written with iron and blood, with a covenant of the flesh and a covenant of culture, with a covenant of land and with a covenant of a nation, with an eternal covenant and a covenant of eternal life.

---

[143] Sukkah 4:5

[144] This is a variation on part of 2 Samuel 7:23, which actually reads, "...before your nation that You saved for Yourself from Egypt, nations and its lords."

הקו הולך ישר, אחד באחד מוגש עם הצפיה שממעל לכל צפיות, הסרת המות ומארתו; בראשית הצעדים, אותו המות המעשי שידי אדם יוצרות אותו באולת ורשעה, ואחריה המסלה ישרה היא להעמיד את הכל על עומק רום הטוב, רוח הטומאה יבוער מן הארץ ובלע המות לנצח

The line goes straight, one to one meeting with the expectation that is above all expectations: the removal of death and its curse; in the first steps, that physical death that the hands of man fashion with foolishness and evil, and afterwards the path is straightforward to stand all upon the depth of the exalted goodness; the spirit of impurity will be incinerated from the earth[145] and death will be swallowed forever.[146]

אם תדמה לנו הדרך דרך רחוקה, אל נבהל

If the way seems to us long, let us not be afraid.

רק היא קרובה היא

Rather it is close.

רק האחיזה באותו הקו הארוך מגבירה את הכל ומכשרת את הכל

Only the grasp on that long line strengthens all and prepares all.

ברכת הענוה תשוב אלינו, גודל העליון ממעל ומתחת יפרס עלינו את הודו ואת סוכת שלומו

---

[145] Zechariah 13:2

[146] Isaiah 25:8

The blessing of humility will return to us; sublime greatness from above and below will spread upon us its majesty and its shelter of peace.

כל המארות, כל הנגודים, לברכות ולעזרים יתהפכו, כל הרוחות אשר בלאומים וכל הנטיות הדתיות, אשר נחשבו לזעוה, אשר אמרו: לכו ונכחידם מגוי ולא יזכר שם ישראל עוד, הן הן עצמן אל מקורן ישובו, יבושו ואחרי כן ינהרו

All the curses, all the oppositions, will transform to blessings and help; all the nations' spirits and all the religious inclinations, which were considered a horror, which said, "Let us wipe them out as a nation; Israel's name will be mentioned no more,"[147] they themselves will return to their source, they will be ashamed and afterwards they will shine.[148]

האחדות הישראלית בכללותה וההתעלות של גרעיני החיים שבה, הרוממות של קשב קול תורה, ההגה העמוק של דורשי רשומות של חכמי חידות, וחכמת החיים של יודעי בינה, הדם הרותח של בני הנעורים רווי רגש ושירה עליזה ועמק רוח של צופי קדש, דכאות פנימית של שבי פשע וגבורת רעם של שמחי חיים, יצרי כל לב ומערכי רוחות של כל בשר, - והכל יאגדו באגד הקו העליון, ששם אור קודש קדשים

The Israelite unity in its entirety and the elevation of the kernels of life within it, the exaltation of listening to the Torah's voice, the deep meditation of those who read between the lines and the sages of mysteries, and the wisdom of life of those who know understanding, the raging blood of the youth saturated with feeling and exultant song and depth of spirit of those who see the holy, the inner depression of those who repent of crime

---

147 Psalms 83:5

148 Alternatively, the nations will "stream" to the house of God on His mountain, as in Isaiah 2:2.

and the thunderous power of those happy in life, the inclinations of every heart and the arrangements of spirits of all flesh — and all will be bound together in the bond of the sublime line, for there is the light of the holy of holies.

ובתוך הפעולות הפעוטות אור משיח יזרח ונהרת תחית עולמים ומחיית המות תסול מסלתה, ויעבור מלכם לפניהם וד' בראשם

And from within the petty acts the light of the messiah will shine and the streaming of eternal revival and the wiping out of death will pave its path, "…and their king will pass before them and God at their head."[149]

21

ברכת ישראל היסודית היא תוספת הדעת העליונה שבה נטוע שורש הדעה המיוחדה לישראל, המרוממה מכל לשון, והיא הולכת בשטף של נבואה גנוזה וממלאה לשד טללי חיים את כל נשמה שבישראל, ועומק החיים העליונים של האומה דוקא ממקור הדעת העליונה הזאת הם יונקים

Israel's fundamental blessing is an increase of the sublime knowledge in which Israel's unique root of knowledge is implanted, which is exalted above every language, and it goes in a flood of stored away prophecy and it fills every (higher) soul in Israel with the essence of the dew of life, and the depth of the sublime life of the nation draws sustenance specifically from the source of this sublime knowledge.

---

[149] Micah 2:13

קוי הדעת חודרים ממקור האומה הכללי בכל דורותיה ומתפשטים ברז הידיעה ההכרית השרויה בכל אחד ואחד מישראל, שבשבילה חי הוא ודורותיו את החיים הישראליים בכללם ובפרטם, כל חד וחד לפי מעלתו

The lines of knowledge penetrate from the overall source of the nation in all its generations and stretch out in the secret of the discerning knowledge that is steeped in each and every one of Israel, such that for its (the nation's) sake does he and his generations live the Israelite life, collectively and individually, each one according to his development.

כל נתיבות העצות והמחשבות להנהגתם של ישראל, בעניני החיים והעולם ובעניני הקדושה והאמונה, בעניני המדע והרוח, בעניני הזמן והתדיריות, משפעת זו הדעה העליונה הם באים

All pathways of guidance and thoughts about leading Israel, in matters of life and the world and in matters of holiness and belief, in matters of analysis and spirit, in contemporary and perennial matters, come from the flow of blessing from this sublime knowledge.

כל חלוקי הדעות והמחשבות השונות - פלגים מחולקים וחדרים שונים הם של הדעת העליונה הזאת, אשר אדרין ואכסדראין מתמלאין מינה, ובהתחלקותם הם מימין ומשמאל מתאחדים על ידי שורש הדעת העליון, המתחלק באחדותו לשני הצדדים, חולקין דדעת הם תצ"ט ופלגא מכאן ותצ"ט ופלגא מכאן

All differences of opinion and differing thoughts – they are distinct divisions and different rooms of this sublime knowledge, "from which granaries and parlors are filled,"[150] and in their division they unite from right and left through the root of the sublime knowledge, which in its unity is divided into the two sides, the divisions of knowledge "four hundred

[150] Zohar Nasso 136, Haazinu 289, 296

ninety nine and a half on this side and four hundred ninety nine and a half on this side."[151]

והם כולם כלולים בשורש הראשי האלהיי, הממלא באורו הרוחני את כל החדרים בהון יקר ונעים

And all of them are included in the main divine root that with its spiritual light fills all the rooms with precious and pleasant wealth.

גדולי וטהורי הדעת מתאמצים לאחוז בשורש הדעת העליון, שהוא באחדותו המקורית בלתי מתחלק הוא ומשקה את הכל בשפעתו המיוחדה, וכל החדרים הפרטיים שמימין ומשמאל הם מסתגלים על ידי זה בסגולותיו, וכל העצות העליונות והתחתונות המתהוות בעולם הנן הולכות ומתברכות בברכת השלום, וכל הנטיה העולמית בכל האנושיות ובכל היצורים הולכת ונוטה אל היושר ואל השלום הבא לרגליו. ונתתי שלום בארץ ושכבתם ואין מחריד. והשבתי חיה רעה מן הארץ וחרב לא תעבור בארצכם

Those of great and pure knowledge exert themselves to hold on to the root of sublime knowledge, which in its origin-connected unity is undivided and (it) irrigates all with its unique flow of blessing; and through this all the individual rooms from right to left adapt their unique treasures, and all the lofty and earthly advice that comes to existence in the world is blessed continually with the blessing of harmony, and the whole of the global inclination in all humanity and all creation progresses and inclines toward moral uprightness and toward the harmony that comes on its heels. "I will grant peace in the Land, and you shall lie down untroubled by anyone; I will give the Land respite from vicious beasts, and no sword will cross your Land."[152]

---

[151] Zohar Vaeira 27

[152] Leviticus 26:6

22

ההשכלה הנשאבת ממקור רוח הקדש היא תמיד מתאימה עם אותה ההפריה המפליאה שבטבעיות הנתוח ההלכותי, שהוא הוא התוכן הממלא את לבן של ישראל: הגבורה האיתנה, המושלת על החיים ומתווה להם את ארחם ואת צביונם, יחד עם אותה הטבעיות שבתוך ההשכלה הרזית העליונה הזאת, הנובעת ממקור החופש הישראלי

The enlightenment drawn from the source of divine inspiration (*ruach hakodesh*) always fits with that amazing fruitfulness that is in the naturalness of *halachic* analysis, which is the content filling the heart of Israel: the powerful strength that rules over life and plots its path and its character, together with that naturalness that is within this mystical sublime enlightenment that flows from the source of Israelite freedom.

מההתגלות המוחלטה של נשמת ישראל נובע גם כן המעין החי והמפרה של הגות כבוד אין קץ ואהבה בלתי גבולית לישראל

From the absolute revealing of Israel's (higher) soul, flows also the living and fruitful spring of a meditation of endless respect and boundless love for Israel.

זאת היא הסקירה החודרת, היודעת לחשוף מצפוני החיים ויודעת להעריך את הערך של היקר הישראלי מצד חטיבותו הפנימית

This is the piercing examination that knows to reveal the hidden aspects of life and knows to value the worth of Israelite preciousness in respect to its inner singularity.

באותם הפלגים, ששפעות החיים, המעשיים והעיוניים הללו, זורמות ביחד במרוץ עזיז ואדיר, שם רז החיים לישראל גנוז, שם סוד האמונה והבטחה העליונה מונח, ומשם ישראל עושה חיל לנצח כל אויביו ולקום לחיים חדשים בצמיחת קרן ישועה

In those parts in which the practical and the profound blessings of life flow together with mighty and powerful energy, there the secret of life for Israel is stored, there the secret of belief and the sublime assurance is placed, and from there Israel succeeds in vanquishing all her enemies and in rising to new life with the flourishing of the pride of salvation.

הגבורה הלאומית, דקדוקי מצות בהשתלהבות של אהבה מקורית, הערצתה של האומה וכבודה, חיוב נצחונה ובטחון רוממותה להיות עליון על כל גויי הארץ במובן של עליוניות אמתית, מוסרית, רוחנית, אידיאלית, הדורה ובריאה, רוויה שובע של שלום, של ברכת החיים ושפעת היצירה והבנין, כל אלה כטל יזלו בהחשפת המבוע של המחשבה הישראלית המורשתית, מסרתה של חכמת ישראל המותאמה למסרתה האמונית הגלויה ביסודי האמונה ותורת המעשה

The nationalistic strength, exactitude in the commandments with the passion of origin-connected love, admiration of the nation and its honor, the necessity of its victory and trust of its exaltedness to be elevated above all the nations of the earth in the sense of true elevation, morally, spiritually, ideally, (in) its beauty and its health, saturated with harmony, of the blessing of life and of creating and building, all these will flow like dew with the uncovering of the wellspring of inherited Israelite thought, its tradition of the wisdom of Israel in line with her belief tradition that is revealed in the foundations of belief and the instruction (Torah) of action.

כל הכשרונות העולמיים אשר נספגו בישראל וכל התעוררות של חיים מסבת כל צרה ומדחיפת כל קו אורה, - הכל יתקשר ביחד להוליד כחות

חדשים ומחוזקים, העלולים לחדש את זיום, בכל עת, בכל תקופה ובכל מהלך חיים שיתפרץ בעולם

All the worldly abilities that have been absorbed into Israel and every arousal of life as a result of any distress or prodding of any line of light – all will be connected together to generate new and strengthened abilities, prone to revitalize their radiance, at all times, in every era and every path of life that bursts into the world.

והרטבת כל אלה הנטיעות, המסתעפות תמיד, בא תבא על ידי אותם למודי ד' העומדים בבית ד', האמונים על רוח האומה בכל צביונה, חכמי חידות ורבי תושיה, היודעים להתרומם בהכללה רבה, על כל ההסתעפות הרוחנית והמעשית האדירה, שתביא עמה ישועת עולמים

The irrigation of all these plantings, which are constantly branching out, will certainly come through those students of God who stand at the house of God, who are trained in the spirit of the nation with all its character, sages of mysteries and astonishingly resourceful, who know how to be elevated with great inclusion, over all the powerful spiritual and practical diversity, which will bring with it worldwide salvation.

23

לפעמים מרגיש האדם, שאיזה חלק מן התורה והחכמה נדרש לו לפי תכונתו ותיקון נשמתו וכל מהותו, וכשהוא נוטה ממקצעו לדרך אחר מרגיש הוא עצבון ושברון פנימי בקרבו

Sometimes a person feels that some portion of Torah and wisdom is necessary for him according to his character and (for) the rectification of his (higher) soul and his whole essence, and when he inclines (away) from his specialty to another way he feels irritation and brokenness within.

וזהו עומק הרז של וליוצא ולבא אין שלום, כיון שיוצא אדם מתלמוד לתלמוד אין שלום

And this is the depth of the secret of, "...for the one who goes out and the one who comes in there is no peace...;"[153] since a person goes from one Talmud to the other there is no peace.[154]

מתוך גודל הכללות הנדרש להיות בעקבתא דמשיחא, יש שמתבלבל העולם עד שלא יוכל האדם למצא את בחינתו וערכו ויחוג וינוע מתלמוד אל תלמוד, ועמים רבים מתבלבלים ואינם יודעים גם הם את מקום אחיזתם ומטרת כונניותם, ונוע תנוע ארץ כשכור והתנודדה כמלונה, וכבד עליה פשעה ונפלה ולא תוסיף קום, והיה ביום ההוא יפקד ד' על צבא המרום במרום ועל מלכי האדמה על האדמה

Out of the great inclusiveness demanded in the (age called) the "heels of the messiah," it happens that the world is confused such that a person cannot find his position and his value and he circles and wanders from one study to another, and great nations become confused and they also do not know their place or purpose, "The earth is swaying like a drunkard; it is rocking to and fro like a hut; and its iniquity shall weigh it down, and it shall fall, to rise no more; on that day, God will punish the host of heaven in heaven and the kings of the earth on earth."[155]

---

[153] Zechariah 8:10

[154] Chagiga 10a

[155] Isaiah 24:20-21

הפקידה היא לא הכבדה וכליון כי אם חלוף מעמדים ותכונות, ומתוך
עמק החשך יתעודד ישראל לאחוז באור תורתו בכל כלליותה, ואז
נתיבות עולם יאירו לפניו ויחזיק במעוזו ויעשה שלום לו, שלום יעשה לו
ותורה חוזרת ללומדיה ובשובה ונחת יושעו

The punishment is not overburdening and annihilation, but rather the
change of positions and characteristics, and out of the depths of the
darkness Israel will be motivated to grab hold of the light of her Torah in
all its inclusivity, and then eternal paths will shine before her and she will
hold on to (God's) strength and she will make peace with God, peace will
she make with Him[156] and Torah returns to those who learn it[157] and with
stillness and comfort they will be saved.

24

יש רוח ממוזג שמתערב יפה עם העולם והחיים, עם סדרי המעשים
והנהגות המדות, איננו נכר כל כך בפעולתו לעצמו, אבל הוא מגלה את
כחו הנאה והמסודר בכל עת שיגיע הדבר לידי תלמוד ולידי מעשה

There is a temperate spirit that mingles well with the world and with life,
with practical systems and good behavior, it is not recognized so much in
its acting for itself, but it reveals its pleasant and orderly ability every time
that a matter reaches study or action.

זהו רוח ההלכה, רוח תורה שבעל פה, המסדרת את הקדש בארח
החיים

---

[156] See Isaiah 27:5

[157] Sanhedrin 97a

This is the spirit of the *halacha*, the spirit of the oral Torah, which orders the holy in the path of life.

כשרוח זה מתוקן ומשוכלל כל צרכו הרי הוא נעשה כסא ובסים עליון של האגדה העליונה, המשוטטת בגבהי מרומים ותופסת את המאויים הנצחיים

When this spirit is rectified and enhanced as needed, behold, it becomes the seat and sublime basis for the sublime *aggada* that roams the highest heights and grasps the eternal desires.

אמנם יש רוח סער, שאינו מתקשר עם הרוח הממוזג, פורץ הוא גדרים ואינו מחכה לסדור העולמי שיבוסס, לסדרי החיים ותיאוריהם שיתאחדו במזג הקדש והטוב, ומגבוה ידאה עד עמקי תחתית בלא סדור

However, there is a stormy spirit that does not connect with the temperate spirit, it breaches fences and does not wait for the worldly order to be set up, for the systems of life and their theories to be united in a composite of goodness and holiness, and from the heights it glides to the lowest depths without order.

לא יוכל להתערב עם חיי בני אדם המסודרים, מוכרח הוא לקחת לו לעזר את החוצפא, העזות ועוד מדות רעות כאלה, לצורך שעה, לעת מלחמה יש שרוח זה נחוץ הוא, אבל אם ירצה להקבע לסדר חיים קבועים לא ירצה

It will not be able to mingle with people's orderly lives; it is forced to take for itself brazenness, impudence, and other such bad character traits as aids; for a momentary need, in a time of war, this spirit can be necessary, but if it wants to be established into the fixed order of life it will not be desired.

פירות מסודרים וקבועים להיות ראוים למחית דור דורים לא יתן

It will not provide organized and consistent fruits fit to nourish generation after generation.

יתגדר באגדה עליונה, בחכמות נסתרות, בהגיונות עליונים, במחזות גדולים, בפלאים ובמופתים, בתפלה של מסירות נפש, בסגולות של קשור נשמות ובפליאי פליאות של נהורים ושל מחשכים, אבל אותו היושר העליון, האור המתוק המתוקן והמקובל, מימי השלוח ההולכים לאט, זה יחסר לו

It will distinguish itself in sublime *aggada*, in hidden wisdoms, in lofty meditations, in great visions, in wonders and signs, in selfless prayer, in treasures connecting (higher) souls and in wondrous wonders of lights and of darkness, but that sublime moral uprightness, the sweet, rectified, and accepted light, "the waters of the Shiloah that go slowly,"[158] in this it will be deficient.

בישראל יגלה רק בצורה של סעד לעת רעה, לבצור חיל בעת זעם לעת קרב ומלחמה, והיא באה לתקונה השלם כשהיא מתחזקת ומשתרשת ביהדות העתיקה תורת הפרושים, לכל גדלה, ארכה, עמקה ורחבה, עם כל עמקיה והרריה, עם כל חילה, עזה ותקפה, שהיא כוללת את הכל, את המעלה ואת המטה, עלית ותחתית כרוכים בה

In Israel it is only revealed in the form of a support during a bad time, to muster strength at a time of fury, for the moment of battle and war, and it comes to its whole rectification when it is strengthened and rooted in the ancient Judaism, the Torah of the Pharisees, for all its magnitude, its length, its depth and breadth, with all its valleys and mountains, with all its power,

---

158 Isaiah 8:6

might, and force, which encompasses all, the up and the down, the top and the bottom are encompassed by it.

הבא ברשותה ובכח עצמתה אל העליות העליונות, אל הפרדסים הגנוזים, הרי הוא הולך במגדל עז ד' מלא בטחה, וכל ההמון הגדול הנמשך ע"פ תורת אם יוכל לבא לאור חיים נאמנים, מסוגלים לתחיה שלמה, בלא פרץ ובלא יוצאת, ומפנימיות רוחו יחזה חזות הכל ובשובה ונחת יושע

One who comes with its (the Torah's) authority and with the power of its strength to the sublimest heights, to the hidden orchards, behold, he walks with the (name of) God is a tower of strength[159] full of confidence; and all of the great multitude that are pulled according to the "Torah of the mother" will be able to come to the light of faithful life, capable of complete revival, without breach and without departure, and from the inner content of his spirit he will see the vision of all and with returning/repenting and with serenity he will be saved.

25

יזוקק העולם ויואר, יתעלה ויונהר, יתודע ויתגלה, אחרי הסרת סיגיו וצירוף בדיליו, שכל מה שהוא שואף ושוקק אליו, כל מה שהוא מתגבר ומתאמץ להגיע לו, בכל הצדדים ובכל הדרכים, הכל דבר ד' הוא, הכל מנהרי נחלי עדני קדש העליון יוצא

The world will be refined and enlightened, elevated and illuminated, made known and revealed, after the removal of its impurities and the purging of its dross, that all it aspires and longs for, all that it exerts itself and strives to

---

159 See Proverbs 18:10

reach, on all sides and in all ways, all of it is the word of God, all goes out from shining streams of sublime holy delight.

יוחל הדבר בכנסת ישראל, המוגבלה בגבול נחלת ישראל, זאת האומה היחידה בעולם, אשר ד' הוא נחלתה מאז מעולם, ויורחב הדבר ויבורר על כל העולם וכל העולמים, שכל מה ששאפו ושואפים אליו, הכל עם אל פועלים, הכל פונה למגמה הרוממה הרצויה האידיאלית אשר בצל שדי תתלונן, הכל משכלל את העצה העמוקה אשר שועשעה על כפים מראש מקדם, ואהיה אצלו אמון ואהיה שעשועים יום יום משחקת לפניו בכל עת, משחקת בתבל ארצו ושעשועי את בני אדם

The matter will be begun with the Congregation of Israel, which is bound in the boundary of Israel's inheritance; this is the only nation in the world for whom God is forever its inheritance; and the matter will be expanded and clarified over all the world and all the worlds that all they did and do aspire toward, everything is working with God, all is turning to the exalted, desired, ideal purpose that resides in the shadow of the Almighty, all is enhancing the deep counsel that was entertained initially from the beginning, "I (Wisdom) was with Him as a juvenile, a source of entertainment every day, rejoicing before Him at all times, rejoicing in His inhabited world, my delights are with mankind."[160]

לא כימים הראשונים שהציץ שביב אור ויעלם, לא העולם אל יוצרו ישוב, במחשבה כי רוחק ממנו; העולם כולו ימלא כבוד והכבוד יהיה מחוטב וגלוי, מלך עולמים יחזיק בידי מלכות שמים להקימה, עצות קדומים יופיעו בכל גוני אורותיהם, יגלו בשלל צבעיהם ופלגי חכמתם, בנעם שיחם ובשיא חוסן יקרתם, על כל מפעלי רוח העולמים, רוח כל היצורים ונשמת כל אדם וכל חי, כל לאום וכל ממלכה וכל מחנה וכל מערכה, בהגלות יקר מלך עולמים על עולמו, בהראות יפעת צור ישראל וגואלו על שורש נשמת עמו ובית תפלתו

---

160 Proverbs 8:30-31

Not like the first days when a spark flickered light and was hidden, the world will not return to its Creator with the thought that it is distanced from Him; the whole world will be filled with dignity and the dignity will be engraved in the open; the King of worlds will hold on[161] to the kingdom of heaven to uplift it; ancient advice will emerge with all the colors of their lights, they will be revealed in the treasury of their colors and streams of their wisdom, in the pleasantness of their conversation and the peak of their preciousness's fortitude, upon all the worlds' spiritual enterprises, the spirit of all creations and the (higher) soul of every person and every creature, every nation and every government and every camp and every system, with the revealing of the honor of the King of the worlds upon His world, with the showing of the beauty of the Rock of Israel and her Liberator upon the root of the (higher) soul of His people and His house of prayer.

תקום סוכת דוד הנופלת, אך באמת לא תקום רק יראה לעין כל שמעולם לא נפלה, אור אמת זה כי יתגלה כבר יהיה ערובה בטוחה על עמדתה לנצח נצחים, אהל בל יצען, בל יסע יתדותיו לנצח וגם חבליו בל ינתקו, כי שם אדיר לנו ד' אדוננו מקום יאורים פלגים רחבי ידים, בל תלך בו אני-שיט וצי בל יעברנהו, כי ד' שופטנו ד' מחוקקנו ד' מלכנו הוא יושיענו. זאת היא הקימה הצפויה לכנסת ישראל, שהעולם ומלואו עסוק בהכנתה, מידי אביר יעקב משם רעה אבן ישראל

David's fallen booth will arise,[162] but in truth it will not arise, rather it will be revealed to all that it never fell; when this light of truth is revealed it will be a guarantee of its position for all eternity, "A tent not to be removed, whose stakes shall never be pulled up, and none of whose ropes shall break; for there God will be with us in majesty, in a place of broad rivers and streams; wherein shall go no boat with oars, neither shall gallant ship pass by; for God is our Judge, God is our Lawgiver, God is our King; He will save us."[163] This is the ascension anticipated for the Congregation of Israel,

---

[161] Zohar Pekudei 240, Vayikra 6; Intoduction to Tikunei Zohar

[162] See Amos 9:11

[163] Isaiah 33:20-22

which the world and all that fills it are busy with its preparation, "…by the hands of the Mighty One of Jacob, from there, from the Shepherd, the Rock of Israel."[164]

26

האמון המשפחתי הוא תולדה והמשכה קוית מאותה האמונה הגדולה השרויה בעומק האהבה, הפועלת ברוח חיים בשכל עליון ומפואר, בסדר והתאמה בכללות המון היצורים והעולמים כולם

Family trust is a result and linear continuation of that great trust dwelling in the depth of the love that works within the spirit of life and the sublime and grand intellect, in order and harmony with all the vast creations and all the worlds.

המעילה המשפחתית היא מעילה מהרסת את האשיות המעמידות את היצירה וכחותיה בעולם הכללי, לשכלל את העולם המעשי הרוחני

Family betrayal is a betrayal that damages the foundations upholding the creation and the spiritual and practical forces of improvement in the world as a whole.

האותיות המבטאות את שם ד' אלהי ישראל, הכוללות בקרבן את כל חיי העולמים כולם, עם מקוריותם ושרשם העליון, עם סדרם והרמוניותם, כוללות בקרבן את כל האמון היסודי, שהתוכן התאורי והמעשי של משפחת האדם המשוכללה נובע מהם

---

164 Genesis 49:24

The letters expressing the Name of the God of Israel, which contain the life force of all the worlds, along with their source-connectedness and heavenly roots, with their arrangement and harmony, contain within them the fundamental trust, from which flows the theoretical and practical content of the enhanced family of humankind.

בלכתם בדרך ישרה, בהיות החיים מבונים כהוגן בתיקון ונמשכים בפנימיותם ברגשי האמון האידיאליים, המשוטטים בכל המון הבריאה ממעל ומתחת, הרי הם מפכים מעינות של ברכה, של אושר ושל הופעות נשמתיות עדינות לכל

When they (the letters that express God's name) walk the straight path, with life built properly and drawn in its inside with the feelings of the ideal trust, traversing the entire creation above and below - behold, they cause springs of blessing, happiness, and soulful delights to bubble for all.

בשבורם, בעכירתם, במרידת הסדר האידיאלי שלהם, הרי הם יסוד ההרוס, ההרוס העולמי, ההרוס האורגני, ההרוס המשפחתי, ההרוס הנשמתי, עכירת החיים ומארתם

With their breakdown and befuddlement,[165] with rebellion against their ideal order, they are the foundation of worldwide destruction, organic destruction, family destruction, soul destruction, ugliness and curse.

בדיקת מי סוטה, ממקור החיים העליונים היא לקוחה, מכל אשרה וברכתה של תורה אשר דרכיה דרכי נעם וכל נתיבותיה שלום

---

[165] See Exodus 9:3 - "hand of God is on the cattle" - the word "is" should be "will be" - the word for "is" stands out. It stands out for another reason - it is not just the word "is" - it is an abnormal usage of the root word for "being" to tell us something. It is the letters of the name of God, but out of order. This causes destruction.

The testing water of the suspected adulteress is taken from the upper source of life, from all the happiness and blessing of the Torah whose 'paths are paths of pleasantness and its ways are ways of harmony.'[166]

העולם הולך ותועה בנתיבותיו, אבל מבקש הוא את האמון האלהי, את הנתיב של אור החיים, ובא יבא האור, והתכן בבנין משפחתי בין ד' אל העולם ובין כל מעשיו יופיע על ידי התגלות אמונת אמון, אשר בישראל מאז היא אצורה, וארשתיך לי לעולם, וארשתיך לי בצדק ובמשפט, בחסד וברחמים; וארשתיך לי באמונה וידעת את ד

The world proceeds and errs in its ways, but seeks the Godly trust, the way of the light of life; and the light will come, and the contents of the family structure between God and the world and all creation will appear through the revelation of God's trust deposited in Israel - 'I betroth you forever, I betroth you with righteousness and justice, with kindness and compassion; and I betroth you with trust and you will know God.'[167]

האמון המשפחתי בהבנותו ובשכלולו יסוב ויעבור את כל גבוליו וימצא את משקלו הנכון בכל הערכים היחושיים, ימצא את מעמדו הישר הבלתי מעול בין איש לאיש, בין שכיר לשוכרו בין עובד לנותן עבודה, בין חכמי חידות לעמלי כפים, בין עמים רבים, בין יושבי אקלימים ומדינות שונות, בין התביעות הבשריות לתביעות הנשמתיות אשר לאדם, בין האדם ובין כל היצור, בין חיי שעה לחיי עולם, בין הכל אל הכל

With the building and enhancement of family trust all of its (family trust's) boundaries will be surpassed and it will find its proper weight within all interpersonal values; it will find its upright unadulterated position between man and man, between owner and renter, between worker and employer, between mystics and craftsmen, between multitudes of peoples, between

---

166 Proverbs 3:17

167 Hosea 2:21-22

those who dwell in different climates and states, between the needs of the body and the needs of the (higher) soul, between temporal existence and eternity, between everything to everything.

האמונה הפנימית, היודעת את כבודה, את אשרה וגבורתה המדושנת עונג פנימי, המכירה שהיא בכל מושלת, שהיא מחלקת במדה ובמשקל של צדק ויושר, אור וחיים, לכל המון יצורים לאין תכלית, על פי סדר וערך של יחושים נאמנים, דרוכים ברוח שלום ואמת, אמונת עולמים זו תהיה תפארת הכל, עטרת תפארת ביד ד', אשת חיל עטרת בעלה

The inner trust that knows its worth, happiness, and might, which is saturated with inner delight, and recognizes that it leads all, that it distributes in measures and weights of righteousness and uprightness, light and life to the multitude of creations without limit according to the order and value of loyal relationships conducted with a spirit of harmony and truth - this eternal trust will be splendor for all, '… a crown of splendor in the hand of God,'[168] 'a woman of valor is her husband's crown.'[169]

27

שכחת השבטים ליחוסם היא הכנה לאחדות האומה

The forgetting of the tribal lineage is a preparation for the nation's unity.

---

[168] Isaiah 62:3

[169] Proverbs 12:4

על ידי הזכרון של חלוק השבטים היתה הגלות גורמת, שכל שבט יחולק ויפרד לגמרי מכללות האומה, וארס הנכריות היה חודר בחלקים המיוחדים והבדודים

By means of the remembrance of the tribal divisions exile would have caused that every tribe would be divided and separated from the totality of the nation, and the venom of foreignness would have penetrated the unique and solitary parts.

אמנם ע"י השכחה הזאת של ההתפרטות נתרבה הבלבול והערבוב, לא רק התפלות המיוחדות וראויות לכל שבט שבט בפני עצמו בתקון העולם נתבלבלו, כי אם כל ערכי החיים, הפנימיים והחיצונים, כל צביוניהם של ההרגשות, הלמודים, המנהגים וההדרכות, שכל אחד מהם במקומו הוא מוסיף תקון אור וחיים מתאים עם הלך הנפש השבטית ובונה את עולמו, והוא לפעמים מעכר וסותר בנין בהיותו מלופף בסדרים שאינם מענינו

Indeed, through this forgetting of (tribal) specificity confusion and mixing increased; not only were the unique prayers toward the rectification of the world fitting each and every tribe in itself confused, so too were all the values of life, the internal and the external, all the characteristics of feeling, learning, the customs and the instructions, each of which in its place increases improvement of light and vitality that is appropriate to the nature of the tribe and builds its world, and it sometimes taints and demolishes when it is wrapped in systems that are not of its subject.

אמנם כל זה מסבב רק צרה ויגון ארעי, אבל בפנימיות החיים חיה היא הנשמה הכללית שנתעוררה הרבה ע"י מחית הקוים הפרטיים, ואם הנעם והסדור נתמעט ומרירות ויסורין רוחנים וגשמיים מתחברים עם כל מעשינו, בכל זה אע"פ שמיצר ומימר לי דודי לי ובין שדי ילין

Indeed, all this causes only temporary distress and grief, but within the inner content of life lives the collective (higher) soul that was very much awakened through the erasure of the particularistic lines, and if the pleasantness and the order was minimized and bitterness and spiritual and physical sufferings attach to all our actions, still "even though my Beloved (God) causes me suffering and bitterness, My Beloved is for me and 'between my breasts He stays.'[170]"[171]

ומתוך האחדות הבלולה, המלאה ערבוב וחסרון סדור, יצא לאור תכן חיים מתוקן ומסודר, שיגלה ויראה בהופעת אור חיים של גאולה וישועה, וישראל ישוב על מכונו וכח שבטיו ישוב אליו באחדות הרמונית, ועוד תעבורנה הצאן על ידי מונה, ומזבח ד' ההרוס יבנה עוד הפעם על ידי שנים עשר אבנים, כשנים עשר שבטי בני יעקב אשר היה דבר ד' אליו לאמר ישראל יהיה שמך, על ידי אליהו מלאך הברית, אשר מאז נקרא על ידי קנאתו ד' הוא האלהים הולך הוא ועובד עבודת השלום להשיב לב אבות על בנים ולב בנים על אבותם, על ידי אור רזי תורה העליונים ההולך ושוטף בכנסת ישראל ומתפלש בכל מעבדיה, עסקנותה, ספריותיה, תקוותיה ועבודותיה, המתראים בצורות שונות, מקדש ומחול, מבנין וגם מהירוס, אמנם כולם כאחד עסוקים בבנין הפנימי והחיצוני, הפרטי והכללי, למעלה למעלה מחוג הכרתם של כל הפועלים והעובדים עצמם וגבוה הרבה יותר מכל מטרותיהם המצומצמות, רק בעצת ד' אשר יעץ לתת לעמו אחרית ותקוה. באחרית הימים תתבוננו בה בינה

And through the blended unity that is full of confusion and disorder, a rectified and ordered substance of life will come to light, which will be revealed and seen with the emergence of a light of life of emancipation and salvation; and Israel will return to its establishment, and the power of her tribes will return to her with harmonious unity, "…the flock will again

[170] Song of Songs 1:13

[171] Shabbat 88b

pass under the hand of one who counts....;"[172] and God's demolished altar will once again be built by twelve stones, "...like the number of the tribes of the sons of Jacob, to whom the word of God came saying, 'Israel shall be your name,"'[173] through Elijah, angel/messenger of the covenant, who has ever since been referred to by his zealousness (about) "God is the Lord,"[174] he goes and does his work of peace to return the heart of fathers to sons and the heart of sons to their fathers,[175] through light of sublime Torah secrets that progresses and flows in the Congregation of Israel and suffuses all its enterprises, its politics, its literature, its hopes and works, appearing in different forms, from holy and from mundane, from building and from destruction; indeed, all as one are occupied with the internal and the external building, the individual and the collective, above and beyond the consciousness of the laborers and workers themselves and much higher than all their limited goals, only with God's counsel that He gave to His people a future and a hope.[176] "...[I]n the end of days you will observe it understanding."[177]

28

הגאולה נמשכת היא והולכת

The liberation continues and proceeds.

---

172 Jeremiah 33:13

173 1 Kings 18:31

174 1 Kings 18:39

175 Malachi 3:24

176 Jeremiah 29:11

177 Jeremiah 23:20

גאולת מצרים וגאולת העתיד השלמה היא פעולה אחת שאינה פוסקת,
פעולת היד החזקה והזרוע הנטויה, אשר החלה במצרים והיא פועלת
את פעולותיה בכל המסבות

The liberation of Egypt and the future whole liberation is one
uninterrupted action, the action of the strong hand and the outstretched
arm, which began in Egypt and it does its work in all circumstances.

משה ואליהו גואלים הם לגאולה אחת, המתחיל והגומר, הפותח
והחותם הם יחד ממלאים את החטיבה

Moses and Elijah[178] are liberators of one liberation, the starter and the
closer, the opener and the sealer they together fill the unit.

ורוח ישראל מקשיב הוא את קול התנועות של פעולות הגאולה,
ההולכות מכל המסבות עד מלא צמיחת קרן הישועה במלואה וטובה

And the spirit of Israel listens to the sound of the movements of the
actions of the liberation that proceed from all circumstances until the full
flourishing of salvation's radiance in its fullness and goodness.

29

הגאולה מוטבעת היא בטבע ישראל, היא חותם פנימי. גם את בדם
בריתך שלחתי אסיריך מבור אין מים בו

---

[178] Zohar Genesis 25, 27, and other Kabalistic sources.

The emancipation is stamped in Israel's nature, it is an inner insignia. "Also you, because of the blood of your covenant, I have sent out your prisoners from the waterless pit."[179]

משה מאיר את אור התורה ואליהו - את אור הטבע הישראלית הנקיה, קדושת הברית, המקנא לברית, מלאך הברית

Moses illuminates the light of the Torah and Elijah - the one who is zealous about the covenant, (the) angel of the covenant - (illuminates) the light of the pure Israelite nature (and) the holiness of the covenant.

באבות מתגבר אור התורה, בבנים - אור הטבע הישראלי הקדוש, וזה יוצץ באחרית-הימים בחבורם, והשיב לב אבות על בנים ולב בנים על אבותם, ומשה ואליהו יתחברו יחד באומה ובכל אחד מישראל בפני עצמו, מידי אביר יעקב משם רועה אבן ישראל, - אב ובנים דבית ישראל

In the forefathers the light of the Torah prevails; in the children, the light of the holy Israelite nature; and this will appear suddenly in the end of days with their connection, "And he shall turn the heart of the fathers to the children, and the heart of the children to their fathers,"[180] and Moses and Elijah will join together with the nation and with every one of Israel as individuals, "...from the hands of the Mighty One of Jacob, from there the Shepherd, the Rock of Israel,"[181] "...father and children of the house of Israel."[182]

---

[179] Zechariah 9:11

[180] Malachi 3:24

[181] Genesis 49:24

[182] See Targum Onkeles to Genesis 49:24

30

צריכים לעורר את תחית ישראל בכל הכחות המכונסים באומה, בכל
תורתה, בכל אמונתה, בכל מדותיה, בכל טובה, בכל עשרה, בכל כחה,
בכל הגיונותיה, בכל שירתה, בכל עצמה, בכל חום חייה, בכל שכלה
והשכלתה, בכל מרצה ונצחון כשרונותיה

We need to awaken Israel's revival with all the abilities incorporated in the
nation, with all her Torah, with all her belief, with all her characteristics,
with all her goodness, with all her wealth, with all her strength, with all her
meditations, with all her song, with all her power, with all her warmth of
life, with all her intellect and enlightenment, with all her energy and the
winningness of her talents.

את כל האורות כולם שבקרבה צריכים להוציא מחביון הגניזה לאור
החיים

All of the lights that are within her we must bring out from the
concealment of storage to the light of life.

החוש הרוחני רואה אבוקת ישראל עולה, מארץ ישראל פורח הכל

The spiritual sense sees the torch of Israel rising; from the Land of Israel
all flourishes.

אוצר גרעיני הנשמות של כל ישראל שמה הוא, מציון מכלל יופי

The treasury of kernels of the (higher) souls of all Israel is there, "From Zion, ensemble of beauty…."[183]

כל יחיד ויחיד שבישראל יש לו גרעינו בארץ ישראל, שהוא עצור בפנימיות רוחו בעוצם תשוקה ואהבה, אם היא גלויה או מסותרת זהו רק חלוק דרגאי, אבל הקישור הנשמתי ישנו, ושלהבת אש הקודש צריכה להתלהב מכל הכחות, מהכחות הפנימיים והחצוניים, מאותם העומדים בצביונם ולא פנו חוצה ומאותם אשר מעומק הגלות או מסיבות אחרות, קדומות או מאוחרות, נתטשטש צביונם

Each and every individual of Israel has his kernel in the Land of Israel, which is held in the inside of his spirit with powerful longing and love; whether it is revealed or hidden is only a difference in gradation, but the (higher) soulful connection is there, and the flame of holy fire needs to be inflamed by all abilities, by the inner and outer abilities, by those persisting in their character and who did not turn to the outside, and by those whose character was blurred because of the depth of the exile or for other reasons, whether earlier or later.

ההכרזה הכללית תקח עמה את הכל, וביסוד החיים הכלליים אשר לישראל עמק התשובה גנוז

The comprehensive proclamation will take all with it, and at the foundation of Israel's collective life the depth of return/repentance is stored away.

הכרת הצדק הפנימי של האומה, המכירה את אמתה העליונה ואת ההשתרגות של כל חמדה וכל אושר עולמי לשם כל התשוקות היותר נצחיות והיותר נאדרות, לאגד כל הטוב וכל הנחמד, כל היושר וכל הצדק שבכל פנה, לקשר את כל טוב ונשגב, את כל הדור ומקודש המלא בכל, והכל יתרומם ברוממותם, ועם גדל תבערת להב הקדש לרוממות

[183] Psalms 50:2; See Yoma 54b

ולשגוב, כל תוכן וכל מבוקש ישר משמש לעזרה; הטבת מצב החיים בכל
תיאור ובכל אופן, הוספת עז גופני ועזוז מוסרי, אמץ פנימי וגדולה של
עדינות, הרחבת התורה ומלוי החכמה, הגברת הרוחניות והופעת
הפועל, הבלטת צורת החיים והגברת האחוה הכללית, חשק השלום
הכללי וחפץ האושר העולמי, חלוץ עצמות והברקת העיון, התיצבות
לפני מלכים והתערבות בין הבריות מכל השדרות, התבודדות עליונה
בהתקשרות פנימית למגמת החיים והעולם, למטרת ההויה ברזי רזיה,
וחריצות של תקונים והתעודדות רוח, - הכל ביחד מוכרח להיות מוקף,
והכל דורש את תפקידו וקורא בקול גדול: עורי, עורי

Recognition of the nation's inner righteousness, which recognizes its
sublime truth and the interweaving of every desire and every worldly
happiness (are) in the name of all the most eternal and glorious desires, to
bind together all that is good and precious, all moral uprightness and all
righteousness (that is) in every corner, to connect all that is good and
exalted, all that is elegant and sanctified that fills all, and everything will be
elevated in their exaltedness, and with the great fire of a holy flame toward
elevation and exaltation, every content and every moral goal will be used
for support; the improvement of life's condition in every description and in
every way, increase in physical might and moral force, inner strength and
great refinement, expansion of the Torah and fullness of wisdom, spiritual
strengthening and emergence of practical action, emphasizing the form of
life and strengthening of overall brotherhood, yearning for overall peace
and desire for worldwide happiness, improving physical health and
sharpening of detailed learning, standing before kings and involvement
with people from all sectors of society, sublime seclusion of inner
connection toward the goal of life and the world, toward the target of
existence in its secret of secrets, industriousness in repairing and
encouragement of spirit, - all (these) together must be included, and
everything demands its role and calls out loudly, "Awaken, awaken!"

31

טעות גדולה היא ביד אותם שאינם מרגישים את האחדות הסגולית
שבישראל, וחפצים הם בדמיונם להשוות את הענין האלהי הזה,
המיוחד באופי הישראלי, לענין כל תוכן של עם ולשון אשר בכל
משפחות האדמה, ומזה בא הרצון לפלג את הענין הלאומי ואת הענין
הדתי לשתי פלוגות, ושתיהן יחד נחלו בזה שקר, כי כל עניני המחשבה,
ההרגשה והאידיאליות, שהננו מוצאים באומה הישראלית, חטיבה
אחת בלתי מחולקה היא, והכל ביחד עושה הוא את צורתו המיוחדה

It is a big mistake on the part of those who do not feel the unique treasure
of unity that is in Israel, and in their imagination they desire to equate this
divine matter, which is unique in the Israelite character, to the matter of the
whole content of any nation and language of all the families of the earth,
and from this comes the will to divide the subject of patriotism and the
subject of religion into two camps, and both of them at once with this
inherited falsehood, because all matters of thought, feeling, and idealism
that we find in the Israelite nation is one indivisible unit, and all of it
together is what makes its unique form.

אמנם כשם שטועים המתאמצים להפריד את החלקים הבלתי
מתחלקים הללו, ככה יותר הם טועים אותם שהם סבורים שאפשר
הדבר שהחלוק והפרוד יעלה בידם של כל המתאמצים להפריד את
התיומת, ומזה בא שהם לוחמים נגד מחזיקי חלק אחד מהחטיבה
הישראלית בחמה שפוכה, על הפרדתם המהבלת, מבלי לשים על לב
איך צריכה המלחמה הזאת להתכונן

Indeed, just as those who exert themselves to separate these indivisible
parts err, so do they err more those (others) who think that it is possible
that they who exert themselves to separate the central joined leaf will be
successful in creating the division and separation, and from this it turns out
(ironically) that they battle with outpoured wrath over their (the separatists')

futile separation against those who uphold one part of the Israelite unit, without noticing how this war must be set up.

אם היה אפשר להפריד באמת את התכנים הרוחניים שבכנסת ישראל, אלא שהדבר מנוע מפני איזה חק תורי, אז היתה צריכה המלחמה להיות מכוונת נגד המחזיקים בחלק נפרד מיוחד, לבלע ולכלות את צביונם מעל שמי האומה

If it were possible to truly separate the spiritual contents that are in the Congregation of Israel, but the matter was prevented because of some Torah law, then the war would need to be directed against those who seize hold of a particular separate part, to swallow and finish their character from the skies of the nation.

אבל כיון שמניעת הפירוד היא מניעה מוחלטת בטוחים אנחנו שהמפרידים, מחזיקי החלקים הבודדים, אינם טועים כ"א בציור דמיונם ולא בפועל הויתם, כי באמת בזה החלק הפרטי, כיון שיסודו בחיי האומה בכללה, הרי הכל כבר נמצא בו, וצריכה המלחמה להיות מיוחדת רק לגלות להם את טעותם ולברר להם, שכל מאמצי חילם להפריד את האחדות הישראלית העליונה לא יעלו בידם

But since the barrier to separation is an absolute barrier we are certain that the separatists, those who seize hold of isolated parts, only err in the vision of their imaginations and not in the activity of their existence, because in truth in this particular part, since its foundation is in the life of the nation in its entirety, behold, everything already exists within it, and (so) the war must particularly be only to reveal to them their mistake and to clarify for them that all the exertions of their might to split the sublime Israelite unity will not be successful.

וההסתגלות של שלמי המחשבה והרצון הישראלי, בכל עמק טבעיותו, צריכה רק להיות לבקר את החזיון החלקי מכל עבריו, ולהראות בו

124

בעצמו את כל סימני תמותו וכליליותו מכל הנושאים כולם, גם מאותם הרעיונות שבעלי הרוח רצו כבר להסיח מהח אח דעתחם ולעקרם מנפשותיהם

And the orientation of those who are whole in Israelite thought and will, in all the depth of its naturalness, needs only to criticize from all sides the partial vision, and to show in itself all signs of its wholeness and its inclusivity of all topics, even those ideas that the visionaries wanted to remove from their minds and uproot them from their psyches.

ע"י בירור ענין אמתי זה יעמדו סוף סוף כל בעלי התפרדות על ההכרה, שדי להם לכלות לשוא את כחם, ותחת להחזיק בחלק נפרד מדומה, שכל השאיפות והתכנים הכלליים של כל האומה כולה, בכל ערכיה, כלולים בו, אלא שהם כהים ומטושטשים, ומתוך כך מונעים הם מהנפשות המחזיקות בו את שובעם הרוחני, מצמצמים את מרחב רוחם ומדריכים אותם בנתיבות מלאי חתחתים, - יותר נח יהיה להם להכיר באמת את האמת המציאותית ולהחזיק בכל התוכן החי הקודש של אור ישראל השלם בכל הופעותיו בגלוי

Through clarification of this true matter all separatists will finally recognize that they have wasted enough of their strength, and instead of taking hold of an imagined separate piece, (they should recognize) that all the aspirations and comprehensive contents of the entire nation, with all its values, are included in it, although they are dim and blurred, and with this they are holding back spiritual satisfaction from those who support it and they are limiting the expanse of their spirit and leading them on paths full of obstacles – it would be easier for them to truly recognize the realistic truth and to take hold of all the holy living content of the whole light of Israel in all its materializations openly.

בזה יושיעו את נפשם מכל צרה ומחשכים, ויביטו וינהרו אל ד' ואל טובו, ולא יצטרכו עוד לענות את נפשם בשברי רעיונות כהים ומטושטשים,

אשר לא יוכלו מעבר מזה להפטר מהם לנצח ומעבר אחר למצא להם ברור והארת רוח, כי הם תכנים אשר טובם ולשד חייהם הנלהב והעצום לא יתגלה כ"א על הככר הרחב והשלם שכל החיים הישראליים, במהותם הכללית והשלמה, מתראים בו בכל מלא עזיזותם

With this they would save themselves from all distress and darkness, and they would look and stream to God and His goodness, and they would no longer need to afflict themselves with dim and blurred shards of ideas, from which on the one hand they would never be able to be released, and on the other hand (they would never be able) to find clarity and enlightenment of spirit, because those are qualities whose goodness and burning and powerful life-essence will only be revealed in the broad and whole arena in which all the Israelite life, in its comprehensive and whole essence, appears in its full force.

32

הפלגים יבלי המים של החיים העליונים של הנשמה הטהורה, במעמקים הם זורמים, במעמקי הטבע הגופני ובתחתית הבשר והדם הנם הומים ורועשים, אמנם מתפרצים הם אל על, צועקים ובוכים, מתנודדים וקובלים, מתאמצים ומתפתלים הם באין הרף לעלות אל הרום, להגלות בצורה מאירה חיה חיים שלמים, מלאים זיו הוד ופאר הדרת גבורת קדשי קדשים

The streams channeling the waters of the sublime life of the pure (higher) soul flow in the depths, in the depths of physical nature and at the bottom of flesh and blood they bustle and roar, indeed, they burst out and heavenward, shouting and crying, reeling and complaining, straining and twisting nonstop to ascend to the heights, to be revealed in a shining living form (that is) whole life, full of radiance, majesty, and splendor, the glory of the strength of the holy of holies.

אשרי האיש, השומע את קול נשמתו מתוך מעמקיו, ואשרי העם המאזין את הד הקול של הנשמה הכללית שלו, איך היא מתגעשת מתוך מעמקיה, ואשרי המקשיב הטהור אשר יקשיב את בת הקול של כל היצור הקורא מתוך מעמקיו להתגלות בהירה עליונה, טהורה וקדושה, אורו של משיח נתון בכלאי היסורים של עמקי העמקים, ובעת קץ גאולה, בעת אשר רק קו אחד יגלה בתכונה של איזו זהרורית אורה להחיש ישועה כללית לבית ישראל, יגלו ויחשפו אלה הסמנים המורים על צעקת העומק, ומתוך כל התנועות הכלליות והפרטיות, הנפשיות והגופניות, יוקשב אותו הקול האדיר והחזק, קול ברמה נשמע נהי בכי תמרורים רחל מבכה על בניה, מאנה להנחם על בניה כי איננו

Happy is the man who hears the voice of his (higher) soul from within his depths, happy is the nation that hears the echo of its collective (higher) soul's voice, how it storms from within its depths, and happy is the pure listener who will listen to the voice of all creation that calls from within its depths for the revealing of sublime, pure, and holy light; the light of the messiah is imprisoned in the deep depths of suffering, and at the time of the final liberation, at a time when only a single ray will be revealed with some glow of light to hurry the overall salvation for the house of Israel, these signs that indicate the cry of the deep will be revealed and exposed, and from within the collective and individual movements, (and) the mental and the physical (movements), that great and powerful voice will be heard, "… a voice is heard in Ramah, lamentation, and bitter weeping, Rachel weeping for her children; she refuses to be comforted for her children, because they are not."[184]

והקול עולה ומתעלה בתכונות חיים ומעשה, בתכונות רעיון ומחשבה, בתכונות המון גוים ורוח עריצים, בתכונות נפשות כמהות, עורגות ומקוות, בתכונות חולמי חלומות כועסים ומתקצפים, בתכונות אנשי ישוב ומתינות, בונים ומשכללים, בתכונות אנשי קדש משקיפים ומקוים, פועלים וצופים ישועה וגאולה, ומכולם יעלו ויגלו זרמי אפיקי הנחלים

---

[184] Jeremiah 31:14

של המעמקים, שכולם אומרים אותה התשועה המנחמת: מנעי קולך מבכי ועיניך מדמעה, כי יש שכר לפעולתך, נאם ד', ושבו מארץ אויב, ויש תקוה לאחריתך, נאם ד', ושבו בנים לגבולם

And the voice rises and is elevated by qualities of life and action, by qualities of idea and thought, by qualities of many nations and a spirit of tyrants, by qualities of longing selves, yearning and hoping, by qualities of dreamers of dreams raging and fuming, by qualities of civilized and moderate people, building and enhancing, by qualities of holy people observing and hoping, working and anticipating salvation and liberation, and from all of them will arise and be revealed the currents of the depths' streams, all of which are saying that comforting salvation, "Hold back your voice from weeping, and your eyes from tears; for there is reward for your work, says God; and they shall come back from the land of the enemy; and there is hope for your future, says God; and (your) children will return to their border."[185]

---

[185] Jeremiah 31:15-16